W0365812

SELBST GEMACHT

Pizza

Quiches & Tartes

Emilie Perrin

SELBST GEMACHT

Pizza

Quiches & Tartes

Fotos: Rina Nurra
Foodstyling: Lissa Streeter

DK

SELBST GEMACHT

INHALT

EINFÜHRUNG

Pizza essen – zu Hause, mit Freunden und Familie, das ist angesagt! Zaubern Sie die köstlichsten Variationen auf den eigenen Tisch – mit dieser Sammlung von Rezepten. Ganz gleich, ob als Vorspeise, kleiner Appetizer, wenn Gäste kommen, oder einfach als raffinierte Abwechslung für den täglichen Speiseplan.

Neben dem Vergnügen, Pizza selbst zu backen und dabei neue Eigenkreationen zu entdecken, werden Sie feststellen, wie vielseitig Sie variieren können: etwa Cakes mit Pancetta und Gorgonzola oder mit Pesto aromatisiert. Oder Pizzas für Feinschmecker, aufgepeppt mit raffinierten Gewürzen und verfeinert mit Meeresfrüchten oder aromatischen Wild- und Geflügelspezialitäten.

Schluss mit Fertigprodukten und langweiligen Varianten! Werden Sie kreativ! Vorhang auf für das Selbstgebackene aus frischen Zutaten. Kinderleicht und eben für die ganze Familie gemacht.

Probieren Sie es aus und überraschen Sie sich selbst, Ihre Familie und die Gäste! Erfolg ist Ihnen garantiert.

ALLES WAS MAN BRAUCHT

Notwendiges Zubehör

Es bedarf keiner Profi-Ausstattung, um Cakes, Quiche, Tarte oder Pizza zu backen! Ein paar solide Küchenhelfer aus gutem Material – und das Gelingen ist garantiert. Hier eine Übersicht an notwendigen Utensilien:

- Arbeitsbrett und Schüssel zum Vorbereiten der Teige
- Schneebesen zum Schlagen der Eier
- Teigschaber zum lockeren Unterheben und Ausschaben von Schüsseln
- Handreibe zum feinen und groben Raspeln und zum Hobeln. Frisch geriebener Käse ist immer schmackhafter, selbst wenn es ihn fertig zu kaufen gibt.
- Küchenmaschine oder Brotbackmaschine zur Herstellung von Grundteigen. Das Schnitzelwerk hilft obendrein, Gemüse oder Rohkost blitzschnell vorzubereiten.
- Kleine Gewürzmühlen oder ein Mörser kommen beim Zermahlen von Gewürzen oder frischen Kräutern zum Einsatz.
- Backpapier zum Auslegen der Backformen sorgt dafür, dass nichts festklebt!
- Wellholz zum Ausrollen der Teige und Kuchengitter zum Abkühlen nach dem Backen
- In jedem Fall unentbehrlich: die Backform. Herkömmliche Springformen in unterschiedlichen Größen von 18, 20, 24, 26, 28, 30 und 32 cm sind im Handel. Oder Pizzableche mit einem niedrigen, glatten Rand. Gängige Größen sind 20, 24, 28, 30 und 32 cm Durchmesser. Hier hat man freie Wahl, sowohl in Form, rund oder eckig, als auch im Material. Dunkles, helles Blech, mit einer Antihaftbeschichtung oder spezielle Quicheformen mit Hebeboden. Für mehr als 6 Personen lohnt sich das Backen auf dem Backblech.

UNENTBEHRLICHE ZUTATEN

Auf Vorrat – immer im Haus

1. **Das Mehl zum Backen** – Weizenmehl Type 405 ist die üblichste Variante. Aber variieren Sie doch einmal und verwenden oder mischen Sie mit anderen Mehlsorten:
- Vollkornmehl – das vermahlene volle Korn macht den Boden reichhaltiger (1–2 EL kaltes Wasser dazugeben beim Grundrezept).
- Dinkelmehl wird aus dem wertvollen Dinkelkorn, der Urform des heutigen Weizens, vermahlen und ist besonders gut verträglich.
- Maismehl eignet sich bei glutenfreier Ernährung. Wird nicht so locker, daher idealerweise mit anderen Mehlsorten mischen.
- Kastanienmehl ist intensiv im Geschmack, daher nur sparsam verwenden.
- Roggenmehl besitzt einen höheren Mineralstoffgehalt als Weizenmehl, wird jedoch auch nicht so locker, daher wird es gern gemischt.
- Buchweizen ist reich an Vitalstoffen. Da er kein Gluten enthält, geht der Teig nicht so locker auf und es empfiehlt sich, ihn mit Weizenmehl zu mischen.

2. **Backtriebmittel:** Backpulver für Cakes und Trockenhefe für Pizza
3. **Öle:** am besten eine Reihe von verschiedenen: leichte geschmacksneutrale wie Sonnenblumenöle und intensivere wie Nussöl, Rapsöl oder Traubenkernöl …
4. **Kräuter:** Hier können auch Mischungen zum Einsatz kommen, die ganz nach persönlichem Geschmack zusammengestellt werden.

Frisch aus dem Kühl- oder Gefrierschrank

- TK-Kräuter sollten Sie immer zu Hause haben. So können Sie jederzeit köstliche Cakes, Quiche oder Pizza im Handumdrehen zaubern.
- TK-Champignons sind Retter, wenn uns spontan die Lust auf Quiche oder Pizza überfällt.
- Käse in jeglicher Form oder Geschmacksrichtung sorgen für den richtigen Pep!
- Und unentbehrlich: Eier, Milch und Sahne…

SELBST GEMACHT

GRUND-REZEPTE

BLÄTTERTEIG

Für den Teig
200 g Mehl • 50 g Butter • 1 TL Salz

Zum Einwickeln in den Teig
150 g gut gekühlte Butter in Form eines Rechtecks von 12 x 10 cm • etwas Mehl

Außerdem:
Wellholz

1 Für den Teig in einer Schüssel das Mehl, die Butter mit 80 ml Wasser und Salz mischen. Alles verrühren, bis ein geschmeidiger Teig entsteht. Mit einem Messer überkreuz einschneiden. Den Teig in Frischhaltefolie wickeln und 30 Minuten kühl stellen.

2 Aus dem Kühlschrank nehmen und mit den Handballen flach drücken. Den Teig ausrollen und in der Mitte etwas dicker lassen.

3 In die Mitte der Teigplatte die Butter legen und rundum einschlagen. Umdrehen und mit etwas Mehl bestäuben.

4 Auf bemehlter Arbeitsfläche etwa ½ cm dick zu einem Rechteck ausrollen, wobei die Teigplatte dreimal so lang wie breit sein soll. Danach den Teig von der schmäleren Seite her bis gut zur Mitte einschlagen, die andere Teighälfte darüber legen, so dass der Teig in drei Schichten übereinander liegt. Den Teig in Frischhaltefolie wickeln und 30 Minuten kühlen.

5 Den Teig erneut mit Mehl bestäuben und wieder zu einem 0,5 cm dicken Rechteck ausrollen, dreimal so lang wie breit. Danach den Teig von der schmäleren Seite her bis gut zur Mitte einschlagen, die andere Teighälfte darüber legen, so dass der Teig wieder in drei Schichten übereinander liegt. Den Teig in Frischhaltefolie wickeln und 1 weitere Stunde kühlen.

6 Das Ganze noch sechsmal wiederholen.

MÜRBETEIG

150 g Mehl • ½ TL Salz • 100 g kalte Butter

Außerdem:
Klarsichtfolie

1 Alle Zutaten abmessen und bereitstellen.

2 Das Mehl mit dem Salz in eine Schüssel geben. Die Butterstückchen zugeben und das Mehl mit der Butter zwischen den Handflächen zerreiben.

3 Wenn alles krümelig ist, 2 EL Wasser zufügen (Teige aus Vollkornmehl brauchen 1–2 EL mehr Wasser).

4 Den Teig nur kurz kneten. Rasch eine Kugel formen und den Teig in Frischhaltefolie wickeln. Mindestens 30 Minuten kühl stellen.

TIPP:
Wer Platz im Kühlschrank hat, kann den Teig gleich ausrollen, in die Backform legen und samt Form kühl stellen.

PIZZATEIG

4 EL Öl • 1 TL Salz • 400 g Mehl • 1 Päckchen Trockenhefe

Außerdem:
Küchenmaschine

1 In die Schüssel der Küchen- oder Brotbackmaschine das Öl sowie 200 ml lauwarmes Wasser und das Salz geben.

2 Mehl und Trockenhefe zufügen und mindestens 3 Minuten gut verkneten, bis der Teig schön elastisch wird.

3 Den Teig 30 Minuten zugedeckt bei Zimmertemperatur ruhen lassen.

4 Den Teig nochmals 3 Minuten gut durchkneten und weitere 45 Minuten gehen lassen, bis die Teigmenge sich verdoppelt hat.

ÖLTEIG

150 g Mehl • 50 g Vollkornmehl • ¼ TL Salz • 4 EL Öl

1 In einer großen Schüssel das Mehl mit dem Salz vermischen. Das Öl zugeben und verrühren. Nach und nach etwas Wasser zugeben, bis ein glatter und elastischer Teig entsteht. Ist er zu fest, noch etwas Wasser unterkneten, klebt er an den Händen, noch etwas Mehl hinzufügen.

2 Den Teig in eine Klarsichtfolie einwickeln und 30 Minuten auf der Arbeitsfläche ruhen lassen.

TOMATENSAUCE

800 g reife Tomaten • 3 Schalotten • ½ Würfel Geflügelbrühe • 1–2 TL Zucker • ½ TL Paprikapulver • 2–3 TL Herbes de Provence • 2 EL Olivenöl • Salz und Pfeffer

1 Die Tomaten vom Stielansatz befreien und in gleich große Würfel schneiden. Die Schalotten schälen und fein hacken.

2 In eine große Pfanne das Öl geben und die Schalotten mit einer Prise Salz anschwitzen. Die Tomatenstücke und den in etwas Wasser aufgelösten Brühwürfel zugeben. Mit Zucker, Paprika und den Herbes de Provence würzen. Alles gut verrühren und kurz aufkochen lassen.

3 Bei sanfter Hitze 1 Stunde zugedeckt sanft köcheln lassen.

VARIATION:
Um eine glatte Sauce zu bekommen, kann sie zum Schluss noch püriert und durch ein Sieb gestrichen werden.

SELBST GEMACHT

QUICHES & TARTES

EINFACH

Für **6** Personen
Zubereitungszeit: **30** Minuten
Backzeit: **35** Minuten
Budget: €€

PROVENZALISCHE TARTE MIT TOMATEN UND PAPRIKA

1 Blätterteig nach Rezept von Seite 12 oder gekauft • 1 rote Paprika in Öl eingelegt (Konserve) • 2 Tomaten • 50 g Parmesan • 8 Scheiben Schinken

Für die Tapenade
185 g schwarze Oliven (ohne Stein) • 1 TL Kapern • 3 Sardellenfilets • 6 EL Olivenöl

1. Für die Tapenade die Oliven mit den Kapern und Sardellenfilets im Mixer glatt pürieren. Das Öl zugeben und nochmals pürieren. In einer Schüssel kühl stellen.

2. Den Backofen auf 180 °C vorheizen. Inzwischen die Backform mit dem ausgerollten Teig auslegen. Die Paprika in Streifen und die Tomaten in Scheiben schneiden. Den Parmesan reiben. 2 EL der Tapenade auf dem Teigboden verteilen und mit dem Schinken, den Paprikastreifen und den Tomaten belegen. Mit dem Parmesan bestreuen und 35 Minuten backen.

TIPP:
Im Kühlschrank hält die Tapenade 3 Tage. Mit dem Rest können Sie kleine Brote bestreichen und zum Aperitif servieren. Oder Sie verwenden sie für die Tarte Ratatouille nach Rezept von Seite 26.

EINFACH

Für **6** Personen
Zubereitungszeit: **20** Minuten
Backzeit: **45** Minuten
Budget: €€€

QUICHE MIT GARNELEN

1 Mürbeteig nach Rezept von Seite 14 oder gekauft • 1 Dose Krebsfleisch (120 g Abtropfgewicht) • 16 Garnelen • 75 g Tomme de Savoie • 1 Zwiebel • 3 Eier • 200 ml Milch • 50 ml Weißwein • 150 g Sahne

Außerdem:
Backform

1. Den Backofen auf 180 °C vorheizen. Den Teig flach ausrollen, in die Form legen und einen Rand formen.

2. Das Krebsfleisch und die Garnelen gut abtropfen lassen. Den Käse reiben und die Zwiebel schälen und fein hacken. Alles auf dem Teigboden verteilen.

3. In einer Schüssel die Eier mit der Milch, dem Wein und der Sahne gut verrühren. Nach Belieben abschmecken.

4. Die Eiermasse über die Garnelen-Quiche gießen und 45 Minuten backen. Vor dem Anschneiden einige Minuten ruhen lassen. Die Quiche schmeckt auch kalt.

Crabe

EINFACH

Für **6** Personen
Zubereitungszeit: **25** Minuten
Backzeit: **45** Minuten
Budget: €€€

ZUCCHINIQUICHE MIT JAKOBSMUSCHELN UND LACHS

1 Ölteig nach Rezept von Seite 16 • 250 g Zucchini • 2 Scheiben geräucherter Lachs • 1 EL Olivenöl • 8 Jakobsmuscheln • 125 g Mascarpone • 2 Eier • 150 g Sahne • Salz und Pfeffer

Außerdem:
Backform

1. Den Backofen auf 180 °C vorheizen. Die Zucchini in Scheiben und den Lachs in kleine Würfel schneiden.

2. In einem Kochtopf das Öl erhitzen, die Zucchini zugeben und 10 Minuten bei sanfter Hitze köcheln lassen. Salzen und pfeffern. Den Teig auf wenig Mehl rund ausrollen, in die Form legen und einen Rand formen. Das Gemüse, den Lachs und die Jakobsmuscheln auf dem Teigboden verteilen.

3. In einer Schüssel den Mascarpone mit den Eiern verrühren und die Sahne zugeben. Alles glatt rühren, bis keine Klümpchen mehr zu sehen sind. Die Eiermasse auf der Quichefüllung verteilen und 45 Minuten backen.

TIPP:
Dazu passt ein zarter Pflücksalat sehr gut. Schmeckt auch kalt.

EINFACH

Für **6** Personen
Zubereitungszeit: **20** Minuten
Backzeit: **35** Minuten
Budget: €

RATATOUILLE-TARTE

1 Ölteig nach Rezept von Seite 16 • 1 kleine gelbe Zucchini • 2 EL Tapenade nach Rezept von Seite 20 oder gekauft • 6 EL Ratatouille • 1 Kugel Mozzarella • 50 g Emmentaler • 2 Eier • 150 g Sahne

Außerdem:
Backform

1. Den Backofen auf 180 °C vorheizen. Den Teig auf wenig Mehl rund ausrollen, in die Form legen und einen Rand formen.

2. Die Zucchini in kleine Würfel oder Scheiben schneiden. Die Tapenade auf den Teigboden streichen und die Zucchinischeiben und die Ratatouille darauf verteilen. Den Mozzarella in kleine Stücke schneiden, den Emmentaler reiben und beides auf der Tarte verteilen. 35 Minuten backen.

TIPP:
Die Tomaten-, Auberginen- und Paprikawürfel für das Ratatouille-Gemüse können Sie auch in größerer Menge zubereiten und für ein herrliches Sommer-Essen zu Pasta servieren.

EINFACH

Für **6** Personen
Zubereitungszeit: **15** Minuten
Backzeit: **40–45** Minuten
Budget: €€

WURST-RAVIOLI-QUICHE

1 Ölteig nach Rezept von Seite 16 • 1 Wollwurst (oder feine Bratwurst ohne Haut) • 1 Schalotte • 200 g Käse-Ravioli, frisch • 2 Eier • 150 g Milch • 150 g Sahne • 40 g Gruyère

Außerdem:
Backform

1. Den Backofen auf 180 °C vorheizen. Die Wurst in Scheiben schneiden. Die Schalotte schälen und fein hacken.

2. Den Teig auf wenig Mehl ausrollen, in die Form legen und einen Rand formen. Die Ravioli, die Schalotten und die Wurstscheiben auf dem Teigboden verteilen.

3. In einer Schüssel die Eier mit der Milch und der Sahne gut verrühren. Nach Belieben abschmecken und über die Quiche gießen. Den Käse reiben, auf der Quiche verteilen und diese dann 40–45 Minuten backen.

TIPP:
Die Quiche klassisch mit grünem Salat servieren. Schmeckt auch kalt.

EINFACH

Für **6** Personen
Zubereitungszeit: **25** Minuten
Backzeit: **30** Minuten
Budget: €

GESTÜRZTE CHICORÉETARTE

1 Blätterteig nach Rezept von Seite 12 oder gekauft • 8 Chicorée, mittlere Größe • 2 EL Olivenöl • ½ TL Zucker • 150 ml Gemüsebrühe • 1 EL Honig • 7 Scheiben Ziegenkäse • 50 g Weißschimmelkäse (½ Saint-Marcellin)

1. Den Backofen auf 180 °C vorheizen. Den Strunk der Chicoréekolben herausschneiden und wegwerfen. Die Stauden in Blätter zerteilen.

2. In einer großen Pfanne das Öl erhitzen, den Chicorée zugeben und mit dem Zucker 5 Minuten anschwitzen. Die Gemüsebrühe und den Honig zufügen und alles unter mehrmaligem Umrühren bei sanfter Hitze köcheln lassen. Sobald die Flüssigkeit fast vollständig verdampft ist, sollte der Chicorée gar sein. Andernfalls noch etwas Wasser nachgießen. Vom Herd nehmen, nach Belieben salzen und pfeffern und etwas ruhen lassen.

3. Die Backform leicht einfetten und gleichmäßig den gegarten Chicorée und darauf den grob zerkleinerten Käse darin verteilen. Das Ganze mit dem vorbereiteten Teig belegen (ohne am Rand zu große Wülste entstehen zu lassen).

4. Die Chicoréetarte in 30 Minuten goldbraun backen, herausnehmen und sofort vorsichtig auf eine Platte stürzen.

TIPP:
Serviert mit Feldsalat, ein feines Winteressen für Gäste.

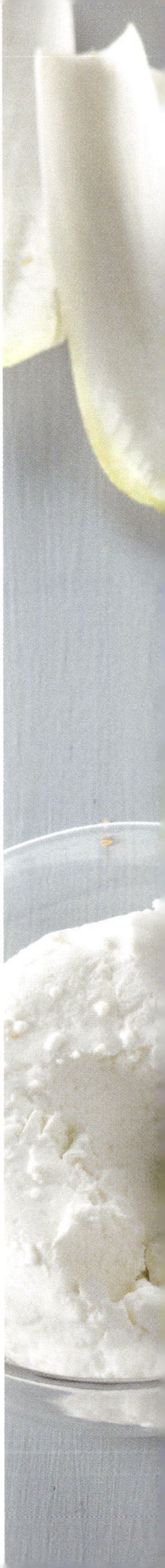

EINFACH

Für **4** Personen
Zubereitungszeit: **25** Minuten
Backzeit: **45** Minuten
Budget: €

KÜRBIS-KAROTTEN-TARTE MIT ZIEGENKÄSE

Für den Teig
150 g Mehl • 1 Becher Joghurt, natur • 1 EL Olivenöl • ½ TL Salz

Für den Belag
2 Möhren • 200 g Kürbisfleisch • 2 Eier • 4 EL Milch • 4 EL Sahne • 100 g Ziegenrolle • 20 g Weißschimmelkäse (¼ Saint-Marcellin) • ½ kleiner fester AOC-Ziegenkäse (vorzugsweise Crottin de Chavignol, 45 % Fett) • Salz und Pfeffer

Außerdem:
Backform

1. Für den Teig in einer Schüssel das Mehl mit dem Joghurt, dem Öl und Salz vermischen. Alles gut verrühren, bis ein glatter Teig entstanden ist. Auf wenig Mehl ausrollen, in die Form legen und einen Rand formen.

2. Den Backofen auf 180 °C vorheizen. Inzwischen für den Belag die Möhren schälen und fein raspeln. Das Kürbisfleisch ebenfalls fein reiben und beides gut ausdrücken, um möglichst trockenes Fruchtfleisch zu bekommen.

3. In einer Schüssel die Eier mit der Milch und der Sahne gut verrühren. Die Karotten-Kürbismasse zugeben und gut verrühren. Nach Belieben abschmecken und über die Quiche gießen. Den Käse in Scheiben schneiden und darauf verteilen und 45 Minuten backen.

TIPP:
Diese Tarte heiß servieren!

EINFACH

Für **6** Personen
Zubereitungszeit: **20** Minuten
Backzeit: **45** Minuten
Budget: €

LAUCH-SPECK-QUICHE

1 Mürbeteig nach Rezept von Seite 14 oder gekauft • 2 Lauchstangen • 10 g Butter • 150 g Schinkenspeckwürfel • 2 Eier • 100 ml Milch • 250 g Sahne • etwas Muskatnuss, frisch gemahlen • 80 g Gruyère • Salz und Pfeffer

Außerdem:
Backform

1. Den Lauch in Ringe schneiden. In einer Pfanne die Butter erhitzen und den Lauch darin 10–15 Minuten anschwitzen. Wenn nötig, etwas Wasser zugeben. Die Schinkenspeckwürfel zufügen und weitere 5 Minuten schmoren lassen. Vom Herd nehmen und beiseitestellen.

2. Den Backofen auf 180 °C vorheizen. Inzwischen den Teig auf wenig Mehl ausrollen, in die Form legen und einen Rand formen. Die Lauch-Schinken-Mischung darauf verteilen.

3. In einer Schüssel die Eier mit der Milch und der Sahne gut verrühren. Nach Belieben salzen und pfeffern und mit der geriebenen Muskatnuss abschmecken. Die Eiermasse über den Lauch und die Schinkenwürfel gleichmäßig gießen. Den Käse reiben, darauf verteilen und 45 Minuten backen.

EINFACH

Für **6** Personen
Zubereitungszeit: **20** Minuten
Backzeit: **45** Minuten
Budget: €€

BROKKOLI-LACHS-QUICHE

1 Mürbeteig nach Rezept von Seite 14 oder gekauft (oder 1 Ölteig nach Rezept von Seite 16) • 1 TL frischen Dill • 150 g Lachsfilet • 200 g Brokkoli, vorgegart • 2 Eier • 150 ml Milch • 150 g Sahne • 2 EL Zitronensaft • Salz und Pfeffer

Außerdem:
Backform

1. Den Backofen auf 180 °C vorheizen. Inzwischen den Teig auf wenig Mehl ausrollen, in die Form legen und einen Rand formen. Den Dill darauf verteilen.

2. Den Lachs in grobe Stücke schneiden und abwechselnd mit den vorgegarten Brokkoliröschen auf dem Teigboden verteilen.

3. In einer Schüssel die Eier mit der Milch, der Sahne und dem Zitronensaft gut verrühren. Mit Salz und Pfeffer abschmecken und über die Quiche gießen. 45 Minuten backen.

TIPP:
Anstelle von Lachs können Sie auch Forellenfilets verwenden. Bestreut mit schwarzem Sesam heiß servieren.

EINFACH

Für **4** Personen
Zubereitungszeit: **20** Minuten
Backzeit: **45** Minuten
Budget: €€

SPARGEL-QUICHE MIT BÜNDNERFLEISCH

1 Mürbeteig nach Rezept von Seite 14 oder gekauft • 3 Eier • 200 ml Ziegenmilch • 150 g Sahne • 6 Scheiben Bündnerfleisch • 100 g Spargel aus dem Glas • 30 g Parmesan • Salz und Pfeffer

Außerdem:
Backform

1. Den Backofen auf 180 °C vorheizen. Inzwischen den Teig auf wenig Mehl ausrollen, in die Form legen und einen Rand formen.

2. In einer Schüssel die Eier mit der Milch und der Sahne gut verrühren. Nach Belieben salzen und pfeffern.

3. Das Bündnerfleisch auf dem Teigboden verteilen und die Spargelstangen gleichmäßig darauf verteilen. Den Parmesan reiben und daraufstreuen. Die Eiermasse darüber gießen und die Quiche 45 Minuten backen.

EINFACH

Für **4** Personen
Zubereitungszeit: **15** Minuten
Backzeit: **45** Minuten
Budget: €

QUICHE MIT MASCARPONE, SCHINKEN UND ERBSEN

1 Mürbeteig nach Rezept von Seite 14 oder gekauft • 4 Scheiben roher Schinken • 1 Paprikaschote • 50 g Emmentaler • 150 g TK-Erbsen • 3 Eier • 250 g Mascarpone • 150 ml Ziegenmilch

Außerdem:
Backform

1. Den Teig auf wenig Mehl ausrollen, in die Form legen und einen Rand formen. Den Schinken in Streifen schneiden, die Paprika würfeln und den Käse reiben. Die Erbsen auftauen lassen.

2. In einer Schüssel die Eier mit dem Mascarpone und der Milch gut verrühren. Die Paprikawürfel und den geriebenen Käse zugeben. Alles gut vermengen.

3. Den Backofen auf 180 °C vorheizen. Inzwischen die Schinkenstreifen und die aufgetauten Erbsen auf dem Teigboden verteilen. Anschließend die Eiermasse darüber gießen und 45 Minuten im Ofen backen.

VARIATION:
Wenn es schnell gehen soll, können Sie in Öl eingelegte Paprika (im Glas) verwenden.

EINFACH

Für **4** Personen
Zubereitungszeit: **15** Minuten
Backzeit: **45** Minuten
Budget: €

TOMATENTARTE MIT BASILIKUM

1 Ölteig nach Rezept von Seite 16 oder 1 Blätterteig nach Rezept von Seite 12 oder gekauft • 3 Tomaten • 75 g Comté • einige Blättchen Basilikum • 1 gestrichener EL scharfer Senf • ½ Tl Zucker

Außerdem:
Backform

1. Den Backofen auf 180 °C vorheizen. Den Teig auf wenig Mehl ausrollen, in die Form legen und einen kleinen Rand formen.

2. Die Tomaten in feine Scheiben, den Käse in kleine Würfel schneiden und das Basilikum fein hacken.

3. Den Senf gleichmäßig auf den Teigboden streichen und die Käsewürfel darauf verteilen. Die Tomatenscheiben dachziegelartig darauf verteilen und den Zucker daraufstreuen. 30–35 Minuten im Ofen backen und mit Basilikum bestreuen.

VARIATION:
Probieren Sie einmal Senf mit verschiedenen Aromen oder ersetzen den Comté durch Bauernkäse.

EINFACH

Für **6** Personen
Zubereitungszeit: **15** Minuten
Backzeit: **30** Minuten
Budget: €

TARTE MIT ROTSCHMIERKÄSE

1 Mürbeteig nach Rezept von Seite 14 oder gekauft • 100 g Rotschmierkäse (½ Maroilles) • 120 g Frischkäserolle (vorzugsweise 2 Petit-suisse) • 200 g Sahne • 1 Ei • 1 TL Paprikapulver

Außerdem:
Backform

1. Den Backofen auf 180 °C vorheizen. Den Teig auf wenig Mehl ausrollen, in die Form legen und einen kleinen Rand formen.

2. Den Rotschmierkäse in Scheiben schneiden und auf dem Teigboden gleichmäßig verteilen.

3. In einer Schüssel den Frischkäse mit der Sahne und dem Ei gut verrühren. Nach Belieben salzen und pfeffern und über die Tarte geben. Mit Paprikapulver würzen und 30–35 Minuten im Ofen backen.

Fauquet
MAROILLES

EINFACH

Für **6** Personen
Zubereitungszeit: **15** Minuten
Backzeit: **45** Minuten
Budget: €

QUICHE LORRAINE

1 Mürbeteig nach Rezept von Seite 14 oder gekauft • 150 g geräucherter Speck, gewürfelt • 3 Eier • 200 ml Milch • 100 g Sahne • 1 Msp. Muskatnuss, frisch gerieben • Salz und Pfeffer

Außerdem:
Backform

1. Den Backofen auf 180 °C vorheizen. Den Teig auf wenig Mehl ausrollen, in die Form legen und einen kleinen Rand formen. Die Speckwürfel darauf verteilen.

2. In einer Schüssel die Eier mit der Milch und Sahne gut verrühren. Mit Muskatnuss würzen und nach Belieben salzen und pfeffern.

3. Die Eiermasse über die Quiche geben und 45 Minuten im Ofen backen.

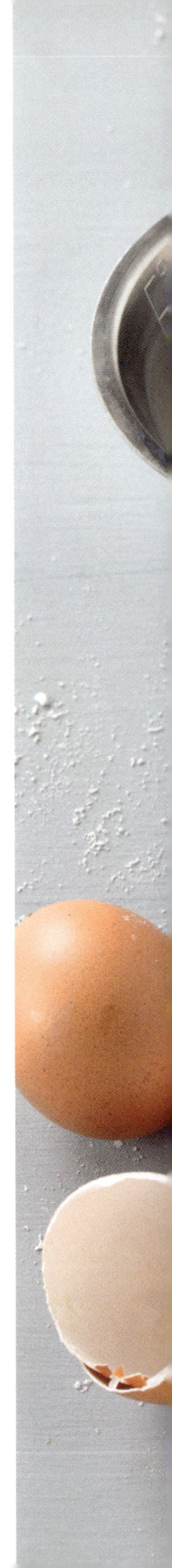

EINFACH

Für **6** Personen
Zubereitungszeit: **20** Minuten
Backzeit: **45** Minuten
Budget: €€

SPINATQUICHE MIT THUNFISCH UND SARDINEN

1 Ölteig nach Rezept von Seite 16 • 1 Handvoll frische Spinatblätter • 1 Dose Thunfisch in Öl • 1 Dose Sardinen in Öl • 60 g Gruyère • 2 Eier • 100 ml Milch • 100 g Sahne • Salz und Pfeffer

Außerdem:
Backform

1. Den Backofen auf 180 °C vorheizen. Den Teig auf wenig Mehl ausrollen, in die Form legen und einen kleinen Rand formen. Die Spinatblätter darauf verteilen.

2. Den Thunfisch und die Sardinen gut abtropfen lassen und auf den Spinat verteilen. Den Käse reiben.

3. In einer Schüssel die Eier mit der Milch, der Sahne und dem Käse gut verrühren. Salzen und pfeffern.

4. Die Eiermasse über die Quiche geben und 45 Minuten im Ofen backen.

EINFACH

Für **6** Personen
Zubereitungszeit: **20** Minuten
Backzeit: **45** Minuten
Budget: €€

KRÄUTERQUICHE MIT 3 KÄSESORTEN

1 Blätterteig nach Rezept von Seite 12 oder gekauft • ½ Ziegenrolle (150 g) • 100 g Roquefort (ersatzweise Gorgonzola) • 100 g Comté • ½ Bund glatte Petersilie • 3 Eier • 100 ml Milch • 100 g Sahne • Salz und Pfeffer

Außerdem:
Backform

1. Den Backofen auf 180 °C vorheizen. Den Teig auf wenig Mehl ausrollen, in die Form legen und einen Rand formen. Den Ziegenkäse in Scheiben, den Roquefort in Stücke schneiden und den Comté fein reiben. Die Petersilie fein hacken.

2. In einer Schüssel die Eier mit der Milch und der Sahne gut verrühren. Salzen und pfeffern.

3. Den Ziegenkäse auf dem Teigboden verteilen und den Roquefort und geriebenen Comté dazwischen verteilen. Mit der Petersilie bestreuen.

4. Die Eiermasse über die Quiche geben und 45 Minuten im Ofen backen.

EINFACH

Für **4** Personen
Zubereitungszeit: **15** Minuten
Backzeit: **40–45** Minuten
Budget: €

ZIEGENKÄSETARTE MIT FENCHEL

1 Mürbeteig nach Rezept von Seite 14 oder gekauft • 1 Fenchelknolle • 50 g Emmentaler • 1 Taler frischer Ziegenkäse • 80 ml Milch • 200 g Sahne • 1 Ei • Salz und Pfeffer

Außerdem:
Backform in eckiger Form

1. Den Backofen auf 180 °C vorheizen. Den Teig auf wenig Mehl ausrollen, in die Form legen und einen kleinen Rand formen.

2. Den Fenchel vom Strunk befreien und in feine Scheiben hobeln. Den Emmentaler reiben und in einer Schüssel mit dem Ziegenkäse vermischen. Die Milch, die Sahne und das Ei zugeben und alles gut verrühren. Salzen und pfeffern.

3. Den Fenchel und die Eiermasse auf dem Teigboden gleichmäßig verteilen und 45 Minuten im Ofen backen.

EINFACH

Für **6** Personen
Zubereitungszeit: **20** Minuten
Backzeit: **45** Minuten
Budget: €

QUICHE MIT ZUCCHINI UND MORBIER

1 Ölteig nach Rezept von Seite 16 • 1 Zucchini • 100 g Morbier • 100 g Bratwurstbrät • 2 Eier • 100 ml Milch • 200 g Sahne • Salz und Pfeffer

Außerdem:
Backform

1. Den Backofen auf 180 °C vorheizen. Den Teig auf wenig Mehl ausrollen, in die Form legen und einen kleinen Rand formen.

2. Die Zucchini und den Morbier in dünne Scheiben schneiden und abwechselnd den Teigboden damit belegen. Das Wurstbrät darauf verteilen.

3. In einer Schüssel die Eier mit der Milch und der Sahne gut verrühren. Salzen und pfeffern. Die Eiermasse über die Quiche gießen und 45 Minuten im Ofen backen.

EINFACH

Für **6** Personen
Zubereitungszeit: **35–40** Minuten
Backzeit: **30** Minuten
Budget: €€

TARTE MIT GEGRILLTEM GEMÜSE UND PINIENKERNEN

1 Mürbeteig nach Rezept von Seite 14 oder gekauft • 1 Aubergine • 1 Zucchini • 1 rote Paprika • 1 Knoblauchzehe • 3 EL Olivenöl • 2 Zweige Thymian • 1 EL Sherry-Essig • 2 EL Ahornsirup • 1 EL Pinienkerne • 30 g Parmesan • Salz und Pfeffer

Außerdem:
Backform

1. Den Backofen auf 200 °C vorheizen. Den Teig auf wenig Mehl ausrollen, in die Form legen und einen Rand formen.

2. Das Gemüse in gleich große Stücke schneiden und auf einem mit Backpapier ausgelegten Backblech verteilen. Die Knoblauchzehe zerdrücken und zugeben. Das Öl und den Thymian darüber verteilen. 15–20 Minuten im Ofen backen. Den Thymian entfernen.

3. In einer Schüssel das gegrillte Gemüse mit dem Essig und dem Ahornsirup vermischen und auf dem Teigboden verteilen. Den Parmesan reiben und zusammen mit den Pinienkernen über die Tarte streuen. Nach Belieben salzen und pfeffern.

4. Die Tarte 45 Minuten im Ofen backen. Schmeckt auch kalt.

SIROP
D'ÉRABL
100%

FÜR KÖNNER

Für **12** Personen
Zubereitungszeit: **30** Minuten
Backzeit: **40** Minuten
Budget: €€

MINI-QUICHES MIT RACLETTE

2 Blätterteige nach Rezept von Seite 12 oder gekauft • 6 Scheiben Raclette-Käse • 3 kleine Kartoffeln • 12 Scheiben Serrano-Schinken • 2 Eier • 250 ml Milch • 100 g Sahne • Muskatnuss, frisch gerieben • Salz und Pfeffer

Außerdem:
12 Tartelettes-Backformen • 1 runde Ausstechform

1. Den Backofen auf 210 °C vorheizen. Die Raclettescheiben halbieren.

2. Den Teig auf wenig Mehl ausrollen, mit Hilfe einer runden Ausstechform (oder eines Glases in der Größe der Mini-Quiches) Kreise ausstechen. In die Formen legen und einen kleinen Rand formen. Die Kartoffeln schälen und würfeln. Jeweils mit einem Stück Käse, ein paar Kartoffelwürfelchen und 1 Scheibe Serrano-Schinken belegen.

3. In einer Schüssel die Eier mit der Milch und der Sahne gut verrühren. Salzen, pfeffern und mit Muskatnuss würzen. Die Eiermasse über die Quiche gießen und 40 Minuten im Ofen backen.

VARIATION:
Speckwürfelchen oder roher Schinken können genauso gut verwendet werden.

EINFACH

Für **6** Personen
Zubereitungszeit: **15** Minuten
Backzeit: **45** Minuten
Budget: €€

SCHINKEN-ARTISCHOCKEN-QUICHE MIT ZIEGENKÄSE

1 Ölteig nach Rezept von Seite 16 • 1 Dose Artischockenherzen (Abtropfgewicht 210 g) • 4 Scheiben Schinken • 1 Ziegenkäse • 2 Eier • 150 ml Milch • 50 g Sahne • etwas Muskatnuss, frisch gerieben • Salz und Pfeffer

Außerdem:
Backform

1. Den Backofen auf 180 °C vorheizen. Den Teig auf wenig Mehl ausrollen, in die Form legen und einen Rand formen.

2. Die abgetropften Artischockenherzen in mundgerechte Stücke schneiden. Den Schinken in Würfel und den Ziegenkäse in Scheiben schneiden. Alles gleichmäßig auf dem Teigboden verteilen.

3. In einer Schüssel die Eier mit der Milch und Sahne gut verrühren. Salzen, pfeffern und mit Muskatnuss abschmecken. Die Eiermasse über die Quiche gießen und 45 Minuten im Ofen backen.

FÜR KÖNNER

Für **4** Personen
Zubereitungszeit: **30** Minuten
Backzeit: **45** Minuten
Budget: €€

ROQUEFORT-QUICHE MIT CHERRYTOMATEN

1 Blätterteig nach Rezept von Seite 12 oder gekauft • 1 Tomate • 250 g Cherrytomaten • 50 g Roquefort • 200 ml Milch • 150 g Sahne • 2 Eier • 1 EL gehacktes Basilikum • 30 g Comté • Salz und Pfeffer

Außerdem:
Backform

1. Den Backofen auf 180 °C vorheizen. Den Teig auf wenig Mehl ausrollen, in die Form legen und einen kleinen Rand formen. Die Tomate in Scheiben schneiden und gleichmäßig auf dem Teigboden verteilen. Die Cherrytomaten ganz lassen und dazwischen setzen.

2. In einem Kochtopf den Roquefort erhitzen und mit der Milch und Sahne verrühren, bis er geschmolzen ist. Etwas abkühlen lassen. In eine Schüssel die Eier geben und die Roquefort-Mischung unter ständigem Rühren zugeben. Mit Basilikum, Salz und Pfeffer abschmecken.

3. Den Comté würfeln. Die Eiermasse über die Quiche gießen, die Käsewürfel daraufstreuen und 45 Minuten im Ofen backen.

EINFACH

Für **6** Personen
Zubereitungszeit: **35** Minuten
Backzeit: **30** Minuten
Budget: €€

AUBERGINEN-TARTE MIT CHAMPIGNONS UND PINIENKERNEN

1 Blätterteig nach Rezept von Seite 12 oder gekauft • ½ Zwiebel • 2 Auberginen • etwas Olivenöl • 100 g frische oder TK-Champignons • ½ TL Currypulver • ½ TL Paprikapulver, edelsüß • 2 EL Pinienkerne • Salz und Pfeffer

Außerdem:
Backform

1. Den Backofen auf 180 °C vorheizen. Den Teig auf wenig Mehl ausrollen, in die Form legen und einen kleinen Rand formen.

2. Die halbe Zwiebel schälen und fein hacken. Die Auberginen in gleich große Würfel schneiden. In einer Pfanne das Öl erhitzen und die Zwiebeln mit einer Prise Salz darin anschwitzen. Die Champignons und Auberginen zugeben. Mit dem Currypulver und Paprikapulver würzen und 20 Minuten sanft köcheln lassen.

3. Die Gemüsemischung gleichmäßig auf dem Teigboden verteilen und die Pinienkerne darüber streuen. 30 Minuten im Ofen backen.

VARIATION:
Für eine Gourmet-Variante kommen noch Paprika- und Tomatenspalten dazu; alles bestreut mit frisch geriebenem Parmesan heiß servieren.

Paprika

EINFACH

Für **6** Personen
Zubereitungszeit: **40** Minuten
Backzeit: **20** Minuten
Budget: €

PISSALADIÈRE AUS NIZZA

1 Pizzateig nach Rezept von Seite 15 oder gekauft • 650 g weiße Zwiebeln • 2 EL Olivenöl • 1 TL Zucker • 1 Lorbeerblatt • 1 Zweig Thymian • 1 EL Weißwein • 1 EL Tomatenmark • 6 Sardellenfilets • einige schwarze Oliven • Salz und Pfeffer

Außerdem:
Backblech

1. Den Backofen auf 220 °C vorheizen. Den Teig auf wenig Mehl ausrollen, in die Form legen und einen kleinen Rand formen.

2. Die Zwiebeln schälen und in feine Streifen schneiden. In einer Pfanne das Öl erhitzen und die Zwiebeln mit dem Zucker darin anschwitzen. Sobald sie schön glasig sind, das Lorbeerblatt, den Thymianzweig, Weißwein und Tomatenmark zugeben und verrühren. Bei sanfter Hitze 20–30 Minuten köcheln lassen, bis die Zwiebeln eingedickt sind.

3. Die Zwiebeln gleichmäßig auf dem Teigboden verteilen, Lorbeerblatt und Thymian entfernen. Die Sardellenfilets auf der Tarte verteilen und mit Oliven bestreuen. 20 Minuten im Ofen backen.

VARIATION:
Um die Pissaladière noch typischer zu machen, nehmen Sie rote Zwiebeln, etwas frischen Knoblauch und belegen am Schluss die Tarte anstelle der Sardellenfilets mit Thunfisch.

EINFACH

Für **6** Personen
Zubereitungszeit: **30** Minuten
Backzeit: **45** Minuten
Budget: €

WINTERQUICHE MIT BLUTWURST UND ÄPFELN

1 Mürbeteig nach Rezept von Seite 14 oder gekauft • 150 g Blutwurst • 1 Apfel • 4 Eier • 1 Joghurt • 200 ml Milch • Salz und Pfeffer

Außerdem:
Backform

1. Den Backofen auf 180 °C vorheizen. Den Teig auf wenig Mehl ausrollen, in die Form legen und einen Rand formen.

2. Die Blutwurst in Scheiben schneiden. Den Apfel schälen, entkernen und in Spalten schneiden. Beides dachziegelartig auf dem Teigboden verteilen.

3. In einer Schüssel die Eier mit dem Joghurt gut verrühren. Nach und nach die Milch zugießen. Mit Salz und Pfeffer abschmecken. Die Eiermasse über die Quiche gießen und 45 Minuten im Ofen backen.

VARIATION:
Mit Walnusskernen bestreut wird die Quiche noch schmackhafter.

FÜR KÖNNER

Für **6** Personen
Zubereitungszeit: **30** Minuten
Backzeit: **30–40** Minuten
Budget: €€

CURRY-PILZ-QUICHE

1 Blätterteig nach Rezept von Seite 12 oder gekauft • 200 g Zuchtchampignons • 200 g gemischte Pilze • 1 Bund glatte Petersilie • 1 EL Olivenöl • 2 TL Currypulver • 3 Eier • 100 ml Milch • 200 g Sahne • Salz und Pfeffer

Außerdem:
Backform

1. Den Backofen auf 180 °C vorheizen. Inzwischen die Champignons und Pilze in Scheiben schneiden. In einer Pfanne das Öl erhitzen und die Champignons und Pilze darin anschwitzen. Die Petersilie hacken. Sobald die Flüssigkeit verdampft ist, das Currypulver und die Petersilie zugeben und gut verrühren. Beiseitestellen.

2. Den Teig auf wenig Mehl ausrollen, in die Form legen und einen kleinen Rand formen.

3. In einer Schüssel die Eier mit der Milch und der Sahne gut verrühren. Die Pilzmischung zugeben. Mit Salz und Pfeffer abschmecken und über die Quiche verteilen. 30–40 Minuten im Ofen backen.

SELBST GEMACHT

MINI-PIZZA

FÜR KÖNNER

Für **26** Stück
Zubereitungszeit: **20** Minuten
Backzeit: **5–10** Minuten
Budget: €€

MINI-PIZZA MIT MEERESFRÜCHTEN

1 Pizzateig nach Rezept von Seite 15 oder gekauft • 26 TL Tomatenmark • 300 g gemischte Meeresfrüchte • 150 g Comté • 2 Zweige Thymian • 26 TL Weißwein

Außerdem:
Back- oder Pizzablech • Ausstechförmchen

1. Den Backofen auf 220 °C vorheizen. Den Teig auf wenig Mehl ausrollen, mit Hilfe der Ausstechförmchen 26 Pizza-Stücke ausstechen und auf das Blech setzen.

2. Auf jeden der 26 Teigtaler etwas Tomatenmark streichen und die Meeresfrüchte darauf verteilen. Den Comté reiben und die Blättchen vom Thymianzweig zupfen. Die Pizzastücke damit bestreuen und den Weißwein darüber sprenkeln. 5–10 Minuten im Ofen backen.

FÜR KÖNNER

Für **12** Stück
Zubereitungszeit: **20** Minuten
Backzeit: **10** Minuten
Budget: €€

MINI-PIZZA MIT HONIG UND ZIEGENKÄSE

1 Pizzateig nach Rezept von Seite 15 oder gekauft • 1 EL Tomatensauce (s. S. 17) • 2 EL Sahne • 12 Scheiben von der Ziegenkäserolle • 1 Zweig Oregano • 1 EL Honig

Außerdem:
Back- oder Pizzablech • Ausstechförmchen rund oder eckig

1. Den Backofen auf 200 °C vorheizen. Den Teig auf wenig Mehl ausrollen, mit Hilfe der Ausstechförmchen 12 Pizza-Stücke ausstechen und auf das Blech setzen.

2. In einer Schüssel die Tomatensauce mit der Sahne gut verrühren und die Teigstücke damit bestreichen. Mit je 1 Scheibe Käse belegen und die abgezupften Oreganoblättchen und ein paar Tropfen Honig darauf verteilen. 10 Minuten im Ofen backen und dabei aufpassen, dass die Pizzastücke nicht zu dunkel werden.

MIEL

EINFACH

Für **10** Stück
Zubereitungszeit: **35** Minuten
Backzeit: **10** Minuten
Budget: €

MINI-PIZZA MIT SCHINKEN-KARTOFFELN

1 Pizzateig nach Rezept von Seite 15 oder gekauft • 1 große Kartoffel • 2 Scheiben roher Schinken • 1 Gemüsezwiebel • 80 g Reblochon • 8–10 TL Sahne

Außerdem:
Back- oder Pizzablech • Ausstechförmchen

1. Den Backofen auf 220 °C vorheizen. Den Teig auf wenig Mehl ausrollen, mit Hilfe der Ausstechförmchen 10 Pizza-Stücke ausstechen und auf das Blech setzen.

2. Die Kartoffel schälen und in Salzwasser gar kochen (oder vom Vortag eine übrige verwenden). Den Schinken und die Kartoffel in kleine Würfel schneiden. Die Zwiebel schälen und fein hacken. Den Käse in 10 Scheiben schneiden.

3. Die Teigstücke mit je 1 TL Sahne bestreichen und die Kartoffel-, Zwiebel- und Schinkenwürfel darauf verteilen. Je 1 Scheibe Reblochon obenauf setzen und die Pizzastücke 10 Minuten im Ofen backen.

EINFACH

Für **12** Stück
Zubereitungszeit: **15** Minuten
Backzeit: **15** Minuten
Budget: €€

MINI-PIZZA MIT BBQ-SAUCE

1 Pizzateig nach Rezept von Seite 15 oder gekauft • 6 Cornichons • 6 TL Barbecue-Sauce • 150 g Hackfleisch vom Rind • 80 g Gruyère • 12 TL frisch geriebener Emmentaler

Außerdem:
Back- oder Pizzablech • Ausstechförmchen

1. Den Backofen auf 200 °C vorheizen. Den Teig auf wenig Mehl ausrollen, mit Hilfe der Ausstechförmchen 12 Pizza-Stücke ausstechen und auf das Blech setzen.

2. Die Cornichons in feine Streifen schneiden. Die Teigstücke mit der BBQ-Sauce bestreichen und das Hackfleisch und die Cornichonstreifen darauf verteilen. Den Gruyère reiben. Mit den beiden Käsesorten bestreuen und 15 Minuten im Ofen backen.

FÜR KÖNNER

Für **16** Stück
Zubereitungszeit: **15** Minuten
Marinierzeit: **1–2** Stunden
Backzeit: **15** Minuten
Budget: €€

KEBAB-MINI-PIZZA

1 Pizzateig nach Rezept von Seite 15 oder gekauft • 1 gelbe Tomate • 1 rote Tomate • ½ rote Zwiebel • 1 Kugel Mozzarella

Für die Fleischmarinade
150 g Lammwürfel (Schulterstück) • 1 EL Olivenöl • 2 Msp. gemahlener Zimt • 1 Msp. gemahlener Piment • 3 Msp. gemahlener Kurkuma • 2 Msp. Paprikapulver • 3 Msp. Cumin (gemahlener Kreuzkümmel)

Außerdem:
Back- oder Pizzablech • Ausstechförmchen

1. In einer Schüssel die Fleischwürfel mit dem Öl und allen Gewürzen gut mischen und 1–2 Stunden im Kühlschrank marinieren.

2. Den Backofen auf 220 °C vorheizen. Den Teig auf wenig Mehl ausrollen, mit Hilfe der Ausstechförmchen 16 Pizza-Stücke ausstechen und auf das Blech setzen.

3. Die Tomaten in kleine Würfel schneiden. Die Zwiebel schälen und fein hacken. Die marinierten Fleischstücke mit den Zwiebeln und Tomatenwürfeln auf den Teigstücken verteilen. Den Mozzarella ebenfalls in kleine Würfel schneiden und obenauf streuen. 15 Minuten im Ofen backen.

TIPP:
Noch intensiver ist der Geschmack, wenn das Fleisch über Nacht mariniert und die Gewürze einziehen können.

VARIATION:
Anstelle von Lamm kann man auch Puten- oder Kalbfleisch verwenden. Dabei etwas Béchamelsauce auf die Teigstücke streichen, dann die restlichen Zutaten verteilen.

EINFACH

Für **12** Stück
Zubereitungszeit: **15** Minuten
Backzeit: **15** Minuten
Budget: €

MINI-FLAMMKUCHEN

1 Pizzateig nach Rezept von Seite 15 oder gekauft • 3 Frühlingszwiebeln • 12 TL Crème fraîche • 75 g durchwachsener Speck, in kleine Würfel geschnitten

Außerdem:
Back- oder Pizzablech • Ausstechförmchen

1. Den Backofen auf 220 °C vorheizen. Den Teig auf wenig Mehl ausrollen, mit Hilfe der Ausstechförmchen 12 Pizza-Stücke ausstechen und auf das Blech setzen.

2. Die Zwiebeln in feine Ringe schneiden. Die Teigstücke mit der Crème fraîche bestreichen und die Zwiebelringe und Speckwürfel darauf verteilen. 15 Minuten im Ofen backen.

VARIATION:
Die Frühlingszwiebeln können durch jungen Lauch ersetzt werden (nur den hellgrünen und weißen Teil verwenden und in feine Ringe schneiden).

EINFACH

Für **8** Stück
Zubereitungszeit: **20** Minuten
Backzeit: **15** Minuten
Budget: €€

MINI-PIZZA MIT ROQUEFORT UND BIRNEN

1 Pizzateig nach Rezept von Seite 15 oder gekauft • 1 Birne • 80 g Roquefort • 8 TL Sahne

Außerdem:
Back- oder Pizzablech • Ausstechförmchen

1. Den Backofen auf 220 °C vorheizen. Den Teig auf wenig Mehl ausrollen, mit Hilfe der Ausstechförmchen 8 Pizza-Stücke ausstechen und auf das Blech setzen.

2. Die Birne vierteln, entkernen und schälen. In feine Streifen schneiden. Den Roquefort in grobe Stücke schneiden. Die Teigstücke mit der Sahne bestreichen und die Birne und den Roquefort darauf verteilen. 15 Minuten im Ofen backen.

TIPP:
Mit gehackten Walnusskernen bestreut heiß servieren.

EINFACH

Für **10** Stück
Zubereitungszeit: **20** Minuten
Backzeit: **15** Minuten
Budget: €€

MINI-PIZZA MIT KRABBEN

1 Pizzateig nach Rezept von Seite 15 oder gekauft • 10 TL Sahne • 1 Knoblauchzehe • 150 g Krabben • 10 Stängel Petersilie • 10 EL frisch geriebener Parmesan • Salz und Pfeffer

Außerdem:
Back- oder Pizzablech • Ausstechförmchen

1. Den Backofen auf 200 °C vorheizen. Den Teig auf wenig Mehl ausrollen, mit Hilfe der Ausstechförmchen 10 Pizza-Stücke ausstechen und auf das Blech setzen. Die Teigstücke mit der Sahne bestreichen.

2. In einem Standmixer oder mit einem Stabmixer die geschälte Knoblauchzehe mit den Krabben und der Petersilie pürieren.

3. Die Teigstücke damit bestreichen und mit Parmesan bestreuen. 15 Minuten im Ofen backen.

EINFACH

Für **10** Stück
Zubereitungszeit: **20** Minuten
Backzeit: **15** Minuten
Budget: €€

FEINSCHMECKER-MINI-PIZZA MIT ENTE

1 Pizzateig nach Rezept von Seite 15 oder gekauft • 130 g Entenconfit (ohne Knochen, Haut, Abtropfgewicht) • 2 kleine Ziegenkäse (vorzugsweise Cabécou de Rocamadour) • ¼ Fenchelknolle • 8 EL Tomatensauce (s. S. 17)

Außerdem:
Back- oder Pizzablech • Ausstechförmchen

1. Den Backofen auf 200 °C vorheizen. Den Teig auf wenig Mehl ausrollen, mit Hilfe der Ausstechförmchen 10 Pizza-Stücke ausstechen und auf das Blech setzen.

2. Das Entenfleisch grob zerteilen. Den Käse in kleine Würfel, den Fenchel in feine Streifen schneiden.

3. Die Teigstücke mit der Tomatensauce bestreichen und den Fenchel, das Entenfleisch und die Käsewürfel darauf verteilen. 15 Minuten im Ofen backen.

SELBST GEMACHT

PIZZA

EINFACH

Für **6** Personen
Zubereitungszeit: **20** Minuten
Backzeit: **10–5** Minuten
Budget: €

LIEBLINGSPIZZA

1 Pizzateig nach Rezept von Seite 15 oder gekauft • 1 Chicorée • ½ weiße Zwiebel • 200 g Rotschmierkäse (vorzugsweise Maroilles) • 3 EL Sahne • ½ TL Paprikapulver

Außerdem:
Back- oder Pizzablech

1. Den Backofen auf 220 °C vorheizen. Den Teig auf wenig Mehl ausrollen und in die Form legen.

2. Den Strunk der Chicoréekolben herausschneiden und wegwerfen. Die Stauden in Blätter zerteilen und in feine Ringe schneiden. Die Zwiebel schälen und fein hacken. Den Käse in dünne Scheiben schneiden.

3. Den Teigboden mit der Sahne bestreichen und die Zwiebeln, den Chicorée und die Käsescheiben darauf verteilen. Mit Paprikapulver würzen und 10–15 Minuten im Ofen backen.

TIPP:
Die Pizza sollte frisch aus dem Ofen sofort verzehrt werden!

Paprika
de Hongrie

EINFACH

Für **4** Personen
Zubereitungszeit: **50** Minuten
Backzeit: **10–15** Minuten
Budget: €

PIZZA BOLOGNESE

1 Pizzateig nach Rezept von Seite 15 oder gekauft • 1 Zwiebel • 1 EL Olivenöl • 250 g Hackfleisch (gemischt) • 80 ml Rotwein • 200 g Tomatenstücke (Konserve) • ½ Würfel Fleischbrühe • 1 Zweig Thymian • 2 Lorbeerblätter • 50 g Parmesan • Salz und schwarzer Pfeffer

Außerdem:
Back- oder Pizzablech

1. Die Zwiebel schälen und fein hacken. In eine Pfanne das Öl geben und die Zwiebeln darin scharf anschwitzen. Das Hackfleisch zugeben und rundum anbraten, bis es eine gute Farbe angenommen hat. Mit dem Wein ablöschen und mehrmals umrühren. Sobald die Flüssigkeit verdampft ist, die Tomatenstücke, den Brühwürfel mit 200 ml heißem Wasser sowie Thymian und Lorbeerblätter zufügen. Mit Salz und Pfeffer würzen, gut umrühren und alles bei mittlerer Hitze mindestens 30 Minuten köcheln lassen.

2. Den Backofen auf 220 °C vorheizen. Den Teig auf wenig Mehl ausrollen und in die Form legen. Die Bolognese-Sauce gleichmäßig auf dem Teigboden verteilen. Den Parmesan reiben und die Pizza damit bestreuen. 10–15 Minuten im Ofen backen.

VARIATIONEN:
Für diese Pizza kann man auch gehacktes Kalb- oder Lammfleisch verwenden. Und würzen Sie einmal mit Zimt oder fertigen Gewürzmischungen: etwa mit Quatre-Epices (weißer Pfeffer, getrockneter Ingwer, Muskat und Gewürznelken).

EINFACH

Für **4** Personen
Zubereitungszeit: **10** Minuten
Backzeit: **10–15** Minuten
Budget: €€

SPINATPIZZA MIT ZIEGENKÄSE

1 Pizzateig nach Rezept von Seite 15 oder gekauft • 3 EL Sahne • 1–2 Handvoll frischer Spinat (etwa 250 g) • 150 g Ziegenkäse • 125 g Zucchini • 1 Zwiebel • 75 g Emmentaler • Salz und schwarzer Pfeffer

Außerdem:
Back- oder Pizzablech

1. Den Backofen auf 220 °C vorheizen. Den Teig auf wenig Mehl ausrollen, in die Form legen und einen kleinen Rand formen. Mit einem Pinsel die Sahne auf den Teigboden streichen.

2. Den Spinat von den groben Stängeln befreien. Den Ziegenkäse und die Zucchini in dünne Scheiben scheiden. Die Zwiebel schälen und ebenfalls in feine Ringe schneiden. Den Käse reiben.

3. Die Zwiebeln und Zucchini gleichmäßig auf dem Teigboden verteilen und den Spinat mit dem Ziegenkäse darauf verteilen. Mit dem Emmentaler bestreuen. Mit Salz und Pfeffer würzen und 10–15 Minuten im Ofen backen.

TIPP:
Zu dieser Pizza schmeckt ein frischer Salat, gemischt mit ein paar jungen Spinatblättchen sehr fein.

EINFACH

Für **4** Personen
Zubereitungszeit: **15** Minuten
Backzeit: **10–15** Minuten
Budget: €€

PIZZA MIT HAUSMACHER-WURST UND NÜSSEN

1 Pizzateig nach Rezept von Seite 15 oder gekauft • 3 EL Sahne • 1 grobe Hausmacherwurst vom Schlachter (vorzugsweise Andouillette) • 20 Haselnüsse • 100 g Emmentaler • 75 g geräucherter Speck, gewürfelt • 1 TL Paprikapulver, edelsüß

Außerdem:
Back- oder Pizzablech

1. Den Backofen auf 220 °C vorheizen. Den Teig auf wenig Mehl ausrollen und in die Form legen.

2. Mit einem Pinsel die Sahne auf den Teigboden streichen. Die Wurst von der Haut befreien, in kleine Würfel schneiden und auf dem Teigboden verteilen. Die Haselnüsse grob hacken, den Käse reiben. Beides zusammen mit den Speckwürfelchen über die Pizza streuen. Mit Paprikapulver würzen und 10–15 Minuten im Ofen backen.

EINFACH

Für **4** Personen
Zubereitungszeit: **15** Minuten
Backzeit: **10–15** Minuten
Budget: €

PIZZA MARGHERITA

1 Pizzateig nach Rezept von Seite 15 oder gekauft • 1 Kugel Mozzarella • 1 Zwiebel • 3 Stängel Basilikum • 5 gut gehäufte EL Tomatensauce (s. S. 17) oder passierte Tomaten aus der Dose • ½ TL Zucker • Oregano • etwas frisch geriebener Parmesan

Außerdem:
Back- oder Pizzablech

1. Den Backofen auf 220 °C vorheizen. Den Mozzarella in Stücke schneiden. Die Zwiebel schälen und in feine Ringe schneiden. Die Basilikumblättchen von den Stängeln zupfen.

2. Den Teig auf wenig Mehl ausrollen, nach Belieben rund, eckig oder in ovale Form bringen und auf ein Backblech legen. Mit einem Löffel die Tomatensauce auf den Teigboden streichen und mit der Hälfte der Basilikumblättchen, dem Zucker und Oregano bestreuen.

3. Die Zwiebelringe und die Mozzarellastücke darüber verteilen und mit Parmesan würzen. 15 Minuten im Ofen backen. Mit den restlichen Basilikumblättchen bestreuen und heiß servieren.

TIPP:
Mit einigen schwarzen Oliven bestreut in den Ofen schieben.

EINFACH

Für **4** Personen
Zubereitungszeit: **20–25** Minuten
Backzeit: **15** Minuten
Budget: €€

PIZZA MIT LACHS UND BIRNE

1 Pizzateig nach Rezept von Seite 15 oder gekauft • 1 dickes Stück frischer Lachs (etwa 250 g) • 2 Birnen • etwas Butter • 1 EL Olivenöl • 2 EL Weißwein • 200 g Frischkäse mit Kräutern und Knoblauch • 3 EL Crème fraîche • 4 Stängel Dill • 50 g Emmentaler

Außerdem:
Back- oder Pizzablech

1. Den Lachs in kleine Würfel schneiden. Die Birnen schälen, vom Strunk befreien und in kleine Stücke schneiden.

2. In einer Pfanne die Butter und das Öl erhitzen. Die Birnenstückchen zugeben und bei sanfter Hitze 5–10 Minuten köcheln lassen. Mit Weißwein ablöschen und verrühren. Sobald die Flüssigkeit verdampft ist, die Pfanne vom Herd nehmen.

3. Den Backofen auf 220 °C vorheizen. Den Teig auf wenig Mehl ausrollen, in die Form legen und einen kleinen Rand formen.

4. In einer Schüssel den Frischkäse mit der Crème fraîche verrühren und auf den Teigboden gleichmäßig streichen. Die gegarten Birnenstücke und die Lachswürfel darauf verteilen. Den Dill fein hacken und den Emmentaler reiben. Die Pizza damit bestreuen und 15 Minuten im Ofen backen.

EINFACH

Für **4** Personen
Zubereitungszeit: **20** Minuten
Backzeit: **15** Minuten
Budget: €

ORIENTALISCHE PIZZA

1 Pizzateig nach Rezept von Seite 15 oder gekauft • 4 Merguez (ersatzweise scharf gewürzte Wurst aus Lammfleisch) • 1 Zwiebel • 2 Tomaten • 1 grüne Paprika • ½ TL Zucker • 1 Handvoll Mandeln, geschält und gehobelt • einige schwarze Oliven • einige Tropfen Tabasco

Außerdem:
Back- oder Pizzablech

1. Den Backofen auf 220 °C vorheizen. Den Teig auf wenig Mehl ausrollen, in eine runde Form legen und einen kleinen Rand formen.

2. Die Würste in kleine Stücke schneiden. Die Zwiebel schälen und fein hacken, die Tomaten in Scheiben schneiden und die Paprika fein würfeln.

3. Die Tomatenscheiben auf dem Teigboden auslegen und mit Zucker bestreuen. Die Zwiebeln und Paprikawürfel darauf verteilen und zuletzt die Wurststückchen, Mandeln und Oliven obenauf streuen. Mit Tabasco würzen. 15 Minuten im Ofen backen.

EINFACH

Für **6** Personen
Zubereitungszeit: **15** Minuten
Backzeit: **30** Minuten
Budget: €

GESTÜRZTE TOMATENPIZZA

1 Pizzateig nach Rezept von Seite 15 oder gekauft • 4 Tomaten • 30 g Parmesan • ½ TL Zucker • 75 g geräucherter Speck, gewürfelt • einige grüne Oliven, entsteint

Außerdem:
Back- oder Pizzablech

1. Den Backofen auf 200 °C vorheizen. Den Teig auf wenig Mehl in Größe des Backblechs ausrollen.

2. Die Tomaten in grobe Stücke schneiden und in die Backform geben. Den Parmesan reiben und zusammen mit dem Zucker über die Tomaten streuen. Die Speckwürfelchen und Oliven (nach Belieben halbiert) darauf verteilen und zuletzt den Teigboden damit bedecken. 30 Minuten im Ofen backen. In der Form etwas auskühlen lassen und auf ein Gitter stürzen oder direkt servieren.

TIPP:
Den Backofen nicht unbeobachtet lassen. Sollte die Pizza zu stark bräunen, mit etwas Alufolie bedecken.

EINFACH

Für **6** Personen
Zubereitungszeit: **15** Minuten
Backzeit: **15** Minuten
Budget: €

RAVIOLI-PIZZA

1 Pizzateig nach Rezept von Seite 15 oder gekauft • 4 EL Sahne • 100 g Emmentaler • ½ weiße Zwiebel • 2 Dosen Ravioli mit Käsefüllung

Außerdem:
Back- oder Pizzablech

1. Den Backofen auf 220 °C vorheizen. Den Teig auf wenig Mehl ausrollen, in die Form legen und einen kleinen Rand formen. Die Sahne darauf verteilen.

2. Den Emmentaler reiben. Die Zwiebel schälen und fein hacken und auf dem Teigboden verteilen. Die Ravioli darauf geben und mit dem Emmentaler bestreuen. 15 Minuten im Ofen backen.

EINFACH

Für **6** Personen
Zubereitungszeit: **15** Minuten
Backzeit: **10–15** Minuten
Budget: €€

QUATTRO-FORMAGGI-PIZZA

1 Pizzateig nach Rezept von Seite 15 oder gekauft • 1 Schalotte • 50 g Roquefort • 1 Kugel Mozzarella • 50 g Parmesan • 4 EL passierte Tomatensauce • 6 Scheiben frischer Ziegenkäse • 2 Stängel Oregano

Außerdem:
Back- oder Pizzablech

1. Den Backofen auf 220 °C vorheizen. Den Teig auf wenig Mehl ausrollen, in eine runde Form legen.

2. Die Schalotte schälen und fein hacken, den Roquefort zerbröckeln, den Mozzarella in Scheiben schneiden und den Parmesan fein reiben.

3. Die Tomatensauce auf dem Teigboden verteilen und mit den Schalottenwürfeln belegen. Alle vier Käsesorten darauf verteilen. Den Oregano fein hacken und obenauf streuen. 10–15 Minuten im Ofen backen.

EINFACH

Für **6** Personen
Zubereitungszeit: **20** Minuten
Backzeit: **15** Minuten
Budget: €

CHORIZO-PAPRIKA-PIZZA

1 Pizzateig nach Rezept von Seite 15 oder gekauft • 1 Zwiebel • 1 Zucchini • ½ gelbe Paprika • 150 g Chorizo (ersatzweise Salami) • 1 Kugel Mozzarella • 6 EL passierte Tomatensauce • 50 g Käse

Außerdem:
Back- oder Pizzablech

1. Den Backofen auf 200 °C vorheizen. Den Teig auf wenig Mehl ausrollen, in die Form legen.

2. Die Zwiebel schälen und fein hacken. Die Zucchini in kleine Würfel, die Paprika in feine Streifen, die Chorizo-Wurst und den Mozzarella in Scheiben schneiden.

3. Die Tomatensauce auf dem Teigboden verteilen und gleichmäßig mit allen Zutaten belegen. Den Käse reiben und die Pizza damit bestreuen. 15 Minuten im Ofen backen.

EINFACH

Für **6** Personen
Zubereitungszeit: **15** Minuten
Backzeit: **15** Minuten
Budget: €€

LACHS-KÄSE-PIZZA

1 Pizzateig nach Rezept von Seite 15 oder gekauft • 50 g Emmentaler • 3 EL Sahne • 1 EL Mascarpone • 4 Scheiben geräucherter Lachs • 1 TL gehackter Dill • 1 EL Zitronensaft

Außerdem:
Back- oder Pizzablech

1. Den Backofen auf 220 °C vorheizen. Den Teig auf wenig Mehl ausrollen, in die Form legen und einen kleinen Rand formen.

2. Den Käse reiben. In einer Schüssel die Sahne mit dem Mascarpone verrühren und gleichmäßig auf den Teigboden streichen. Mit dem Lachs belegen, mit Dill und Käse bestreuen und mit dem Zitronensaft besprenkeln. 15 Minuten im Ofen backen.

EINFACH

Für **6** Personen
Zubereitungszeit: **15** Minuten
Backzeit: **15** Minuten
Budget: €

KÄSEPIZZA FÜR GOURMETS

1 Pizzateig nach Rezept von Seite 15 oder gekauft • 1 weiße Zwiebel • 1 Zucchini • 70 g Rotschmierkäse oder Weichkäse (vorzugsweise Maroilles) • 100 g Schnittkäse (vorzugsweise Mimolette oder würziger Edamer) • 3 EL Sahne

Außerdem:
Back- oder Pizzablech

1. Den Backofen auf 200 °C vorheizen. Den Teig auf wenig Mehl ausrollen, in die Form legen und einen kleinen Rand formen.

2. Die Zwiebel schälen und in feine Ringe schneiden. Die Zucchini ebenfalls in dünne Scheiben und den Rotschmierkäse in kleine Stücke schneiden. Den Schnittkäse grob reiben.

3. Mit einem Backpinsel die Sahne gleichmäßig auf den Teigboden streichen. Mit den Zwiebeln und Zucchinischeiben belegen, beide Käse darauf verteilen und 15 Minuten im Ofen backen.

MAROILLES
Fauquet
Fauquet

EINFACH

Für **6** Personen
Zubereitungszeit: **15** Minuten
Backzeit: **15** Minuten
Budget: €

HAWAII-PIZZA

1 Pizzateig nach Rezept von Seite 15 oder gekauft • 200 g Putenfleisch • 75 g Ananas • 100 g Gruyère • 4 EL passierte Tomatensauce • ¼ TL Paprikapulver • ½ TL Currypulver • Salz und Pfeffer

Außerdem:
Back- oder Pizzablech

1. Den Backofen auf 220 °C vorheizen. Den Teig auf wenig Mehl ausrollen, in die Form legen und einen kleinen Rand formen.

2. Das Putenfleisch und die Ananas in kleine Stücke schneiden. Den Käse reiben.

3. Mit einem Backpinsel die Tomatensauce gleichmäßig auf den Teigboden streichen. Mit dem Putenfleisch und den Ananasstücken belegen und mit dem Käse und den Gewürzen bestreuen. Mit Salz und Pfeffer nach Belieben würzen und 15 Minuten im Ofen backen.

EINFACH

Für **4** Personen
Zubereitungszeit: **35** Minuten
Backzeit: **15** Minuten
Budget: €

TÜRKISCHE FLADENPIZZA

1 Pizzateig nach Rezept von Seite 15 oder gekauft • 1 Zwiebel • 1 Knoblauchzehe • ½ rote Paprika • 4 Tomaten • ½ Bund glatte Petersilie • 4 Stängel Koriandergrün • 1 EL Olivenöl • 1 EL Tomatenmark • 200 g Hackfleisch vom Rind • ½ TL Paprikapulver • ½ TL Cumin (gemahlener Kreuzkümmel) • ½ TL gemahlener Piment • Salz und Pfeffer

Außerdem:
Back- oder Pizzablech

1. Den Backofen auf 220 °C vorheizen. Den Teig auf wenig Mehl ausrollen, in die Form legen und einen kleinen Rand formen.

2. Die Zwiebel und den Knoblauch schälen und fein hacken. Die Paprika und die Tomaten in kleine Würfel schneiden. Die Kräuter abzupfen und fein hacken.

3. In einer großen Pfanne das Öl erhitzen und die Zwiebeln mit dem Knoblauch darin anschwitzen. Das Tomatenmark, das Hackfleisch sowie die Gewürze zugeben und 10 Minuten anbraten. Dabei mehrmals umrühren. Die Paprika- und Tomatenwürfel zufügen und weitere 10 Minuten köcheln lassen. Zum Schluss die frischen Kräuter untermischen. Nach Belieben mit Salz und Pfeffer würzen.

4. Die Tomaten-Hackfleisch-Mischung gleichmäßig auf den Teigboden streichen und 15 Minuten im Ofen backen.

EINFACH

Für **4** Personen
Zubereitungszeit: **30** Minuten
Backzeit: **15** Minuten
Budget: €

KÜRBISPIZZA MIT KÄSE UND KAROTTE

1 Pizzateig nach Rezept von Seite 15 oder gekauft • 100 g Ziegenfrischkäse • 1 Knoblauchzehe • 4 Möhren • 100 g Kürbisfleisch (Butternut) • 1 EL Olivenöl • 100 g Schnittkäse (vorzugsweise Mimolette oder würziger Edamer) • Salz und Pfeffer

Außerdem:
Back- oder Pizzablech

1. Den Backofen auf 200 °C vorheizen. Den Teig auf wenig Mehl ausrollen, in die Form legen und einen kleinen Rand formen. Den Frischkäse gleichmäßig auf den Teigboden streichen.

2. Den Knoblauch schälen und fein hacken. Die Möhren und den Kürbis in kleine Würfel schneiden.

3. In einer Pfanne das Öl erhitzen und die Möhren und den Knoblauch mit 200 ml Wasser zugeben. Bei sanfter Hitze garen lassen, bis die Möhren weich sind.

4. Inzwischen in einem Topf die Kürbiswürfel und etwa 1 l Wasser zum Kochen bringen und 10 Minuten garen lassen. Dann abgießen.

5. Den Käse reiben. Den Kürbis und die Möhren gleichmäßig auf dem Teigboden verteilen und mit dem Käse bestreuen. Nach Belieben mit Salz und Pfeffer würzen. 15 Minuten im Ofen backen.

EINFACH

Für **4** Personen
Zubereitungszeit: **30** Minuten
Backzeit: **15** Minuten
Budget: €€

JÄGERPIZZA

1 Pizzateig nach Rezept von Seite 15 oder gekauft • 1 Kugel Mozzarella • 100 g Emmentaler • 1 Knoblauchzehe • 10 Stängel glatte Petersilie • 10 g Butter • 250 g TK-Champignons • 250 g TK-Waldpilzmischung • 2 EL Crème fraîche • Salz und Pfeffer

Außerdem:
Back- oder Pizzablech

1. Den Backofen auf 200 °C vorheizen. Den Teig auf wenig Mehl ausrollen, in die Form legen und einen kleinen Rand formen.

2. Den Mozzarella in Würfel schneiden und den Emmentaler reiben. Den Knoblauch schälen und fein hacken. Die Petersilie von den Stängeln zupfen und ebenfalls fein hacken.

3. In einer Pfanne die Butter erhitzen und alle Pilze mit dem Knoblauch und der Petersilie zugeben. Bei sanfter Hitze garen lassen, bis die entstandene Flüssigkeit wieder eingekocht ist. Mit Salz und Pfeffer würzen und beiseitestellen.

4. Die Crème fraîche gleichmäßig auf den Teigboden streichen und die Pilzmischung darauf verteilen. Mit den Mozzarellawürfeln und dem geriebenen Käse bestreuen und 15 Minuten im Ofen backen.

EINFACH

Für **6** Personen
Zubereitungszeit: **15** Minuten
Backzeit: **15** Minuten
Budget: €

HOT-DOG-PIZZA FÜR KIDS

1 Pizzateig nach Rezept von Seite 15 oder gekauft • 1 EL Ketchup • 1 EL Senf • 4 Wiener Würstchen • 100 g Emmentaler • 8 Scheiben Schinken • Salz und Pfeffer

Außerdem:
Back- oder Pizzablech

1. Den Backofen auf 200 °C vorheizen. Den Teig auf wenig Mehl ausrollen, in die Form legen und einen kleinen Rand formen.

2. In einer Schüssel den Ketchup mit dem Senf verrühren und gleichmäßig auf den Teigboden streichen. Die Würstchen in dickere Scheiben schneiden und darauf verteilen. Den Käse reiben. Obenauf den Schinken legen und mit dem Käse bestreuen. 15 Minuten im Ofen backen.

EINFACH

Für **6** Personen
Zubereitungszeit: **30** Minuten
Backzeit: **15** Minuten
Budget: €€

FRÜHLINGSPIZZA

1 Pizzateig nach Rezept von Seite 15 oder gekauft • 150 g frische Champignons • 1 EL Olivenöl • 100 grüner Spargel • 80 g Comté • 1 EL Crème fraîche • 300 g vorgegarte Geflügelleber • Salz und Pfeffer

Außerdem:
Back- oder Pizzablech

1. Den Backofen auf 220 °C vorheizen. Den Teig auf wenig Mehl ausrollen, in die Form legen und einen kleinen Rand formen.

2. Die Champignons in feine Scheiben schneiden. In einer Pfanne das Öl erhitzen und die Champignons zugeben. Bei sanfter Hitze garen lassen, bis die entstandene Flüssigkeit wieder verdampft ist. Mit Salz und Pfeffer würzen.

3. In einem Topf etwas Wasser zum Kochen bringen und den Spargel etwa 10 Minuten darin garen lassen. Dann abgießen.

4. Den Comté reiben. Die Crème fraîche gleichmäßig auf den Teigboden streichen und die Champignons darauf verteilen. Den Spargel und die Geflügelleber auf der Pizza verteilen und mit dem Käse bestreuen. 15 Minuten im Ofen backen.

TIPPS:
Sollten Sie keinen frischen Spargel bekommen, können Sie auch Spargel aus dem Glas verwenden. Und anstelle von frischen Champignons verwenden Sie TK-Champignons.

EINFACH

Für **4** Personen
Zubereitungszeit: **40** Minuten
Backzeit: **15–20** Minuten
Budget: €

PIZZA MEXICO

1 Pizzateig nach Rezept von Seite 15 oder gekauft • 1 Zwiebel • ½ gelbe Paprika • 1 Zucchini • 1 EL Olivenöl • 250 g Hackfleisch (gemischt) • 200 g passierte Tomatensauce • 1 TL Ras el-Hanout • ¼ TL Paprikapulver, edelsüß • 1–2 EL Rosinen • Salz und Pfeffer

Außerdem:
Back- oder Pizzablech

1. Den Backofen auf 220 °C vorheizen. Den Teig auf wenig Mehl ausrollen, in die Form legen und einen kleinen Rand formen.

2. Die Zwiebel schälen und fein hacken. Die Paprika in feine Streifen und die Zucchini in Scheiben schneiden.

3. In einer Pfanne das Öl erhitzen und die Zwiebeln darin anschwitzen. Das Hackfleisch zugeben und gut anbraten. Das Gemüse, die Tomatensauce und die Gewürze zugeben. Salzen und pfeffern. Unter mehrmaligem Umrühren bei mittlerer Hitze 20–30 Minuten garen lassen.

4. Die Hackfleischmischung gleichmäßig auf den Teigboden streichen und mit den Rosinen bestreuen. 15–20 Minuten im Ofen backen.

FÜR KÖNNER

Für **3** Personen
Zubereitungszeit: **20** Minuten
Backzeit: **20–25** Minuten
Budget: €

PIZZA CALZONE

1 Pizzateig nach Rezept von Seite 15 oder gekauft • 1 Zwiebel • 75 g Comté • 9 EL passierte Tomatensauce • 6 Scheiben Schinken • 3 Eier • Salz und Pfeffer

Außerdem:
Back- oder Pizzablech

1. Den Backofen auf 220 °C vorheizen. Den Teig auf wenig Mehl ausrollen, 3 runde Böden mittlerer Größe schneiden und auf das Backblech legen.

2. Die Zwiebel schälen und fein hacken. Den Comté reiben. Die Tomatensauce jeweils auf den halben Teigboden streichen, die andere Hälfte frei lassen. Auf die vorbereitete Hälfte den Schinken, die Zwiebel und den Käse gleichmäßig verteilen. Salzen und pfeffern. Jeweils 1 Ei darauf schlagen und zügig mit der unbedeckten Seite des Teigbodens zu einer Calzone schließen. Die Ränder gut andrücken.

3. 20–25 Minuten im Ofen backen.

SELBST GEMACHT

CAKES

EINFACH

Für **8** Stück
Zubereitungszeit: **15** Minuten
Backzeit: **45–60** Minuten
Budget: €€

CAKE MIT ERBSEN UND KÄSE

100 g Tomme (oder ein anderer Weichkäse aus Kuhmilch) • 1 Zwiebel • 3 Eier • 100 ml Milch • 50 ml Weißwein • 3–4 EL Olivenöl • 200 g Mehl • ½ Päckchen Backpulver • 150 g frische Erbsen, enthülst (ersatzweise TK-Erbsen) • 75 g geräucherter Speck, gewürfelt • Salz • schwarzer Pfeffer

Außerdem:
Kastenform

1. Den Backofen auf 180 °C vorheizen. Den Käse würfeln. Die Zwiebel schälen und in Ringe schneiden.

2. Die Eier in eine Schüssel schlagen und mit der Milch, dem Weißwein und dem Olivenöl verquirlen. Das Mehl in eine zweite Schüssel geben und mit Backpulver und etwas Salz vermischen. Die Eiermischung über die Mehlmischung gießen und sorgfältig verrühren. Erbsen, Käsewürfel, Zwiebelringe und Speckwürfel untermengen. Salzen und pfeffern.

3. Den Teig in die Backform füllen und im vorgeheizten Backofen 45–60 Minuten backen. Nach 45 Minuten eine Garprobe machen: Den Kuchen mit einer Messerklinge einstechen; wenn beim Herausziehen kein Teig mehr daran haftet, ist der Kuchen gar; andernfalls noch etwas weiterbacken.

4. Aus der Form lösen und auf einem Kuchengitter abkühlen lassen.

EINFACH

Für **12** Stück
Zubereitungszeit: **15** Minuten
Backzeit: **45–60** Minuten
Budget: €

CAKE MIT BIRNEN UND CHORIZO

3 Eier • 100 ml Olivenöl • 100 ml Magermilch • 200 g Mehl • ½ Päckchen Backpulver • 2 Birnen • 1 Chorizo

Außerdem:
Kastenform • Kuchengitter

1. Den Backofen auf 180 °C vorheizen. Die Eier in eine Schüssel schlagen und mit Olivenöl und Milch verquirlen. Mehl und Backpulver unterrühren.

2. Die Birnen schälen und in Stücke schneiden. Chorizo in Scheiben schneiden oder fein würfeln. Beides unter den Teig rühren.

3. Den Teig in die Backform füllen und im vorgeheizten Backofen 45–60 Minuten backen. Nach 45 Minuten eine Garprobe machen: Den Kuchen mit einer Messerklinge einstechen; wenn beim Herausziehen kein Teig mehr daran haftet, ist der Kuchen gar; andernfalls noch etwas weiterbacken.

4. Aus der Form lösen und auf einem Kuchengitter abkühlen lassen.

FÜR KÖNNER

Für **12** Stück
Zubereitungszeit: **20** Minuten
Backzeit: **45–60** Minuten
Kühlzeit: **1** Stunde
Budget: €€

NORDISCHER LACHSKUCHEN

100 g Räucherlachs • 1 Schalotte • 150 g Mehl • ½ Päckchen Backpulver • 80 g Haferflocken • 1 EL Sonnenblumenkerne (geschält) • 2 TL Fenchelsamen • 50 ml Weißwein • 100 ml Milch • 3–4 EL Olivenöl • 2 Eier

Für die Füllung:
125 g Ricotta • 3 EL Zitronensaft • 1 TL geriebener Meerrettich

Außerdem:
Kastenform • Kuchengitter

1. Den Backofen auf 180 °C vorheizen. Den Räucherlachs in Streifen schneiden. Die Schalotte schälen und fein hacken.

2. Das Mehl in eine Schüssel geben und mit dem Backpulver und den Haferflocken vermischen. Sonnenblumenkerne und Fenchelsamen zugeben. Weißwein, Milch und Olivenöl unterrühren, dann die Eier nacheinander hineinschlagen und einen glatten Teig herstellen. Zum Schluss die Lachsstreifen und die Schalotte untermischen.

3. Den Teig in die Backform füllen und im vorgeheizten Backofen 45–60 Minuten backen. Nach 45 Minuten eine Garprobe machen: Den Kuchen mit einer Messerklinge einstechen; wenn beim Herausziehen kein Teig mehr daran haftet, ist der Kuchen gar; andernfalls noch etwas weiterbacken.

4. Aus der Form lösen und auf einem Kuchengitter abkühlen lassen.

5. Für die Füllung Ricotta, Zitronensaft und Meerrettich in einer Schüssel verrühren. Den Kuchen einmal durchschneiden; eine leichte Mulde formen und die Creme hineinstreichen. Die Kuchenteile wieder zusammensetzen und vor dem Servieren 1 Stunde kühl stellen.

TIPP:
Den Kuchen mit einigen Scheiben Räucherlachs und frischem Dill garnieren.

Raifalsa
d'Alsace
nature

EINFACH

Für **12** Stück
Zubereitungszeit: **20** Minuten
Backzeit: **45–60** Minuten
Budget: €

CAKE MIT ZIEGENKÄSE, ROSINEN UND BASILIKUM

1 Zwiebel • 1 Crottin (Weichkäse aus Ziegenmilch, etwa 60 g) • ½ Rolle reifer Ziegenfrischkäse • 5 Basilikumblätter • 2 Eier • 200 g Mehl • ½ Päckchen Backpulver • 100 ml Milch • 50 ml Weißwein • 3–4 EL Olivenöl • 75 g geräucherter Speck, gewürfelt • 2 Handvoll Rosinen • Salz und schwarzer Pfeffer

Außerdem:
Kastenform

1. Den Backofen auf 180 °C vorheizen. Die Zwiebel schälen und fein hacken. Den Ziegenkäse zerkrümeln. Das Basilikum fein hacken.

2. Die Eier in eine Schüssel schlagen. Mehl und Backpulver unterrühren. Nach und nach mit Milch, Wein und Olivenöl zu einem glatten und gleichmäßigen Teig verarbeiten. Die Zwiebeln und Speckwürfel, die beiden Käsesorten sowie Rosinen und Basilikum sorgfältig untermischen.

3. Den Teig in die Backform füllen und im vorgeheizten Backofen 45–60 Minuten backen. Nach 45 Minuten eine Garprobe machen: Den Kuchen mit einer Messerklinge einstechen; wenn beim Herausziehen kein Teig mehr daran haftet, ist der Kuchen gar; andernfalls noch etwas weiterbacken.

4. Aus der Form lösen und auf einem Kuchengitter abkühlen lassen.

VARIATIONEN:
Probieren Sie statt der Rosinen einmal getrocknete Aprikosen oder Feigen.

EINFACH

Für **10** Stück
Zubereitungszeit: **15** Minuten
Backzeit: **45–60** Minuten
Budget: €€

KASTANIENKUCHEN MIT SPECK UND ROQUEFORT

75 g Roquefort • 3 Schalotten • 2 Eier • 100 g Mehl • 100 g Kastanienmehl • ½ Päckchen Backpulver • 100 ml Weißwein • 3–4 EL Olivenöl • 75 g geräucherter Speck, gewürfelt • Salz und schwarzer Pfeffer

Außerdem:
Kastenform • Kuchengitter

1. Den Backofen auf 180 °C vorheizen. Den Käse zerkrümeln, die Schalotten schälen und in Ringe schneiden.

2. Die Eier in eine Schüssel schlagen und mit den beiden Mehlsorten und dem Backpulver verrühren. Nach und nach den Weißwein und das Olivenöl zufügen. Salzen und pfeffern. Die Schalotten, Speckwürfel und Käsekrümel sorgfältig untermischen.

3. Den Teig in die Backform füllen und im vorgeheizten Backofen 45–60 Minuten backen. Nach 45 Minuten eine Garprobe machen: Den Kuchen mit einer Messerklinge einstechen; wenn beim Herausziehen kein Teig mehr daran haftet, ist der Kuchen gar; andernfalls noch etwas weiterbacken.

4. Aus der Form lösen und auf einem Kuchengitter abkühlen lassen.

VARIATION:
Der Kuchen schmeckt auch mit anderen Käsesorten ganz vorzüglich, etwa einem Gorgonzola.

Farine
Châtaigne

EINFACH

Für **12** Stück
Zubereitungszeit: **15** Minuten
Backzeit: **45–60** Minuten
Budget: €

CAKE MIT ZWIEBELN UND CHORIZO

½ Chorizo • 1 Zwiebel • 2 Eier • 150 g Sahne oder Milch • 4 EL Rapsöl • ½ Päckchen Backpulver • 200 g Mehl • 75 g geräucherter Speck, gewürfelt • Salz und schwarzer Pfeffer

Außerdem:
Kastenform • Kuchengitter

1. Den Backofen auf 180 °C vorheizen. Die Chorizo-Wurst würfeln, die Zwiebel schälen und in nicht zu dünne Ringe schneiden.

2. Die Eier in eine Schüssel schlagen und mit Sahne bzw. Milch und dem Öl verquirlen. Backpulver und Mehl untermischen, dann Zwiebelringe, Speck- und Chorizowürfel einrühren.

3. Den Teig in die Backform füllen und im vorgeheizten Backofen 45–60 Minuten backen. Nach 45 Minuten eine Garprobe machen: Den Kuchen mit einer Messerklinge einstechen; wenn beim Herausziehen kein Teig mehr daran haftet, ist der Kuchen gar; andernfalls noch etwas weiterbacken.

4. Aus der Form lösen und auf einem Kuchengitter abkühlen lassen.

TIPPS:
Den Kuchen abgekühlt, aber nicht eiskalt servieren. Die Zwiebel kann auch durch eine Frühlingszwiebel ersetzt werden.

EINFACH

Für **10** Stück
Zubereitungszeit: **20** Minuten
Backzeit: **45–60** Minuten
Budget: €

ZUCCHINIKUCHEN MIT DREIERLEI KÄSE

1 Zucchini • 100 g Schafskäse (Feta) • 50 g Roquefort • ½ Rolle reifer Ziegenkäse • 2 Eier • 2 EL Rapsöl • 150 ml Milch • 200 g Mehl • ½ Päckchen Backpulver • Salz und schwarzer Pfeffer

Außerdem:
Kastenform

1. Den Backofen auf 180 °C vorheizen. Die Zucchini schälen und auf einer Gemüsereibe fein raspeln, anschließend möglichst viel Saft aus dem Fruchtfleisch pressen. Den Schafskäse und den Roquefort würfeln, den Ziegenkäse in Scheiben schneiden.

2. Die Eier in eine Schüssel schlagen und mit dem Öl und der Milch verquirlen. Mehl und Backpulver unter die Eiermischung rühren. Die Zucchiniraspel und die Käsewürfel unter den Teig mischen. Salzen und pfeffern.

3. Den Teig in die Backform füllen, obenauf die Scheiben vom Ziegenkäse setzen und im vorgeheizten Backofen 45–60 Minuten backen. Nach 45 Minuten eine Garprobe machen: Den Kuchen mit einer Messerklinge einstechen; wenn beim Herausziehen kein Teig mehr daran haftet, ist der Kuchen gar; andernfalls noch etwas weiterbacken.

TIPP:
Der Kuchen schmeckt am besten lauwarm oder kalt.

EINFACH

Für **12** Stück
Zubereitungszeit: **20** Minuten
Backzeit: **45–60** Minuten
Budget: €€

DEFTIGER WURSTKUCHEN

1 Merguez (scharf gewürzte Wurst aus Lammfleisch) • 50 g Bratwurst • 60 g Chorizo • 1 Lauchstange • 2 Eier • 2 EL Crème fraîche • 100 ml Olivenöl • 2 EL Weißwein • 100 g Mehl • 100 g Vollkornmehl • ½ Päckchen Backpulver • Salz und schwarzer Pfeffer

Außerdem:
Kastenform • Kuchengitter

1. Den Backofen auf 180 °C vorheizen. Merguez, Bratwurst und Chorizo in mittelgroße Stücke schneiden, den Lauch in dünne Ringe schneiden.

2. Die Eier in eine Schüssel schlagen und mit Crème fraîche, Öl und Weißwein verquirlen. Beide Mehlsorten und Backpulver untermischen, dann salzen und pfeffern. Lauchringe sowie die Wurststückchen zufügen.

3. Den glatt gerührten Teig in die Backform füllen und im vorgeheizten Backofen 45–60 Minuten backen. Nach 45 Minuten eine Garprobe machen: Den Kuchen mit einer Messerklinge einstechen; wenn beim Herausziehen kein Teig mehr daran haftet, ist der Kuchen gar; andernfalls noch etwas weiterbacken.

4. Aus der Form lösen und auf einem Kuchengitter abkühlen lassen.

TIPP:
Der Kuchen schmeckt am besten lauwarm oder kalt mit einem frischen Salat als Beilage.

EINFACH

Für **10** Stück
Zubereitungszeit: **20** Minuten
Backzeit: **45–60** Minuten
Budget: €

KRÄFTIGER BIERKUCHEN

2 Möhren • 1 Zwiebel • 2 Eier • 3–4 EL Rapsöl • 3–4 EL Olivenöl • 100 ml Bier • 180 g Mehl • ½ Päckchen Backpulver • 100 g geräucherter Speck, gewürfelt • Salz und schwarzer Pfeffer

Außerdem:
Kastenform

1. Den Backofen auf 180 °C vorheizen. Die Möhren fein raspeln, die Zwiebel schälen und fein hacken.

2. Die Eier in eine Schüssel schlagen und mit den beiden Ölsorten und dem Bier verquirlen. Mehl und Backpulver, die Möhrenraspel, Zwiebeln und Speckwürfel untermischen und zu einem gleichmäßigen Teig verrühren.

3. Den Teig in die Backform füllen und im vorgeheizten Backofen 45–60 Minuten backen. Nach 45 Minuten eine Garprobe machen: Den Kuchen mit einer Messerklinge einstechen; wenn beim Herausziehen kein Teig mehr daran haftet, ist der Kuchen gar; andernfalls noch etwas weiterbacken.

TIPP:
Der Kuchen schmeckt am besten lauwarm oder kalt mit einem kräftigen Salat als Beilage.

FÜR KÖNNER

Für **10** Stück
Zubereitungszeit: **30** Minuten
Backzeit: **40** Minuten
Budget: €

CAKE MIT PANCETTA UND BANANE

200 g Pancetta in Scheiben • 1 ganze + ½ Banane • 200 g Mehl • ½ Päckchen Backpulver • 2 EL weiche Butter • 3 Eier • 130 ml fettreduzierte Milch

Außerdem:
Kastenform • Kuchengitter

1. Den Backofen auf 180 °C vorheizen. 100 g Pancetta würfeln und in einer Pfanne ohne Fett kross braten. Herausheben und auf Küchenkrepp abtropfen lassen. Die ganze Banane in feine Scheiben schneiden, auf einem Backblech ausbreiten und 15 Minuten im vorgeheizten Backofen trocknen. Die halbe Banane fein würfeln.

2. Mehl, Backpulver, Butter, Eier und Milch in eine Schüssel geben und zu einem gleichmäßigen Teig verrühren. Die gebratene Pancetta unter den Teig mischen und die Bananenwürfel zugeben.

3. Den Boden der Backform mit den getrockneten Bananenscheiben belegen. Mit den restlichen Pancettascheiben bedecken. Dann den Teig einfüllen.

4. Kuchen 40 Minuten backen und eine Garprobe machen: Den Kuchen mit einer Messerklinge einstechen; wenn beim Herausziehen kein Teig mehr daran haftet, ist der Kuchen gar; andernfalls noch etwas weiterbacken.

5. Aus der Form lösen und auf einem Kuchengitter abkühlen lassen.

TIPP:
Dieser Kuchen schmeckt am besten kalt.

EINFACH

Für **10** Stück
Zubereitungszeit: **20** Minuten
Backzeit: etwa **40** Minuten
Budget: €

CURRYCAKE MIT HÄHNCHENFLEISCH UND KORIANDERGRÜN

100 g Hähnchenbrust • 10 Stängel Koriandergrün • 200 g Mehl • ½ Päckchen Backpulver • 2 TL Currypulver • 70 g weiche Butter • 3 Eier • 100 ml Milch

Außerdem:
Kastenform • Kuchengitter

1. Den Backofen auf 180 °C vorheizen. Die Hähnchenbrust würfeln, das Koriandergrün in feine Streifen schneiden.

2. Das Mehl mit Backpulver und Curry vermischen. Die weiche Butter mit den Fingerspitzen in die Mehlmischung einarbeiten. Eier und Milch zugeben und zu einem glatten Teig verrühren. Das Hähnchenfleisch und die Kräuter untermengen. Den Teig in die Backform füllen.

3. Kuchen 40 Minuten im Ofen backen und eine Garprobe machen: Den Kuchen mit einer Messerklinge einstechen; wenn beim Herausziehen kein Teig mehr daran haftet, ist der Kuchen gar; andernfalls noch etwas weiterbacken.

4. Aus der Form lösen und auf einem Kuchengitter abkühlen lassen.

VARIATION:
Wer es exotischer mag, nimmt statt Currypulver eine indische Tandoori-Mischung.

EINFACH

Für **10** Stück
Zubereitungszeit: **20** Minuten
Backzeit: etwa **45** Minuten
Budget: €

TORTA MEDITERRANEA

1 Kugel Büffelmozzarella • 10 getrocknete Tomaten • 75 g Parmesan • 150 g Mehl • 50 g Vollkornmehl • ½ Päckchen Backpulver • 3 Eier • 150 ml Milch• 2 TL fein gehacktes Basilikum

Außerdem:
Kastenform • Kuchengitter

1. Den Backofen auf 180 °C vorheizen. Mozzarella würfeln, die getrockneten Tomaten in Streifen schneiden. Den Parmesan reiben.

2. Die beiden Mehlsorten in eine Schüssel geben und mit dem Backpulver und dem geriebenen Parmesan vermischen. Die Eier und die Milch unterrühren. Mozzarellawürfel, Tomatenstreifen und Basilikum zugeben und das Ganze zu einem gleichmäßigen Teig verarbeiten.

3. Den Teig in die Backform füllen und im Ofen 45 Minuten backen. Für die Garprobe den Kuchen mit einer Messerklinge einstechen; wenn beim Herausziehen kein Teig mehr daran haftet, ist der Kuchen gar; andernfalls noch etwas weiterbacken.

4. Aus der Form lösen und auf einem Kuchengitter abkühlen lassen.

EINFACH

Für **8** Stück
Zubereitungszeit: **20** Minuten
Backzeit: etwa **45** Minuten
Budget: €€€

LAUCHKUCHEN MIT JAKOBS-MUSCHELN UND SAFRAN

12 Jakobsmuscheln • 1 Lauchstange (nur das Weiße) • 180 g Mehl • ½ Päckchen Backpulver • 1 Döschen Safran • 60 g weiche Butter • 3 Eier • 150 ml Vollmilch • Salz und schwarzer Pfeffer

Außerdem:
Kastenform • Kuchengitter

1. Den Backofen auf 180 °C vorheizen. Die Jakobsmuscheln vierteln, den Lauch in dünne Ringe schneiden.

2. Mehl, Backpulver und Safran vermischen und die weiche Butter mit den Fingerspitzen einarbeiten. Salzen und pfeffern. Nach und nach die Eier und die Milch einrühren. Die Jakobsmuscheln und die Lauchringe in den Teig geben und gut vermischen.

3. Den Teig in die Backform füllen und im Ofen 45 Minuten backen. Für die Garprobe den Kuchen mit einer Messerklinge einstechen; wenn beim Herausziehen kein Teig mehr daran haftet, ist der Kuchen gar; andernfalls noch etwas weiterbacken.

4. Aus der Form lösen und auf einem Kuchengitter abkühlen lassen.

EINFACH

Für **8** Stück
Zubereitungszeit: **20** Minuten
Backzeit: **45–60** Minuten
Budget: €€

CAKE MIT BLAUSCHIMMEL-KÄSE, FEIGEN UND SPECK

200 g durchwachsener Speck (am Stück) • 125 g Blauschimmelkäse • 5 große getrocknete Feigen • 2 Eier • 200 g Mehl • ½ Päckchen Backpulver • 150 ml Milch • 50 ml Weißwein • 3–4 EL Rapsöl • Salz und schwarzer Pfeffer

Außerdem:
Kastenform • Kuchengitter

1. Den Backofen auf 180 °C vorheizen. Den Speck, den Käse und die Feigen in kleine Würfel schneiden.

2. Die Eier in einer Schüssel verquirlen. Mehl und Backpulver untermischen und Milch, Weißwein und Öl einrühren. Die Speckwürfelchen, den Käse und die Feigenstückchen zugeben und alles zu einem gleichmäßigen Teig verarbeiten. Nach Belieben salzen und pfeffern.

3. Den Teig in die Backform füllen und im Ofen 45–60 Minuten backen. Nach 45 Minuten eine Garprobe machen: Den Kuchen mit einer Messerklinge einstechen; wenn beim Herausziehen kein Teig mehr daran haftet, ist der Kuchen gar; andernfalls noch etwas weiterbacken.

4. Aus der Form lösen und auf einem Kuchengitter abkühlen lassen. Der Cake schmeckt zimmerwarm am besten.

EINFACH

Für **8** Stück
Zubereitungszeit: **20** Minuten
Backzeit: **45–60** Minuten
Budget: €€

CAKE MIT MUNSTERKÄSE UND WURST

125 g Munsterkäse • 150 g kräftig geräucherte Wurst (vorzugsweise Saucisse de Morteau) • 1 Zwiebel • 3 Eier • 100 ml Milch • 100 ml Traubenkernöl • 150 g Mehl • 50 g Dinkelmehl • ½ Päckchen Backpulver

Außerdem:
Kastenform • Kuchengitter

1. Den Backofen auf 180 °C vorheizen. Den Käse und die Wurst würfeln. Die Zwiebel schälen und fein hacken.

2. Die Eier in eine Schüssel schlagen und mit Milch und Öl verquirlen. Die beiden Mehlsorten und das Backpulver einrühren. Die Käse- und Wurstwürfel und die Zwiebeln sorgfältig untermischen.

3. Den Teig in die Backform füllen und im Ofen 45–60 Minuten backen. Nach 45 Minuten eine Garprobe machen: Den Kuchen mit einer Messerklinge einstechen; wenn beim Herausziehen kein Teig mehr daran haftet, ist der Kuchen gar; andernfalls noch etwas weiterbacken.

4. Aus der Form lösen und auf einem Kuchengitter abkühlen lassen.

EINFACH

Für **8** Stück
Zubereitungszeit: **20** Minuten
Backzeit: **45–60** Minuten
Budget: €

CAKE MIT BROKKOLI UND SURIMI

10 Stäbchen Surimi • 100 g Emmentaler • 150 g TK-Brokkoliröschen • 3 Eier • 100 g Mehl • 100 g Vollkornmehl • ½ Päckchen Backpulver • 100 ml Milch • 50 ml Weißwein • 3–4 EL Olivenöl

Außerdem:
Kastenform • Kuchengitter

1. Den Backofen auf 180 °C vorheizen. Surimi klein schneiden und den Emmentaler reiben. Die Brokkoliröschen in kochendem Salzwasser blanchieren, abgießen und beiseitestellen.

2. Die Eier in eine Schüssel schlagen und mit den beiden Mehlsorten und dem Backpulver vermengen. Milch, Weißwein und Öl zugeben und alles geschmeidig rühren. Brokkoli, Surimi und Emmentaler sorgfältig untermischen.

3. Den Teig in die Backform füllen und im Ofen 45–60 Minuten backen. Nach 45 Minuten eine Garprobe machen: Den Kuchen mit einer Messerklinge einstechen; wenn beim Herausziehen kein Teig mehr daran haftet, ist der Kuchen gar; andernfalls noch etwas weiterbacken.

4. Aus der Form lösen und auf einem Kuchengitter abkühlen lassen.

TIPP:
Um eine besonders schöne Deko zu bekommen, können Sie auch einige zusätzliche Surimi-Stäbchen obenauf setzen.

EINFACH

Für **10** Stück
Zubereitungszeit: **20** Minuten
Backzeit: etwa **1** Stunde
Budget: €

RACLETTE-KUCHEN

1 Zwiebel • 3 Eier • 1 Becher Naturjoghurt • 3 EL Weißwein • 180 g Mehl • ½ Päckchen Backpulver • 4 Scheiben roher Schinken • 8 Scheiben Raclettekäse

Außerdem:
Kastenform

1. Den Backofen auf 180 °C vorheizen. Die Zwiebel schälen und fein hacken. Die Eier in eine Schüssel schlagen und mit Joghurt und Weißwein verquirlen. Mehl und Backpulver sowie die Zwiebeln zugeben und das Ganze zu einem glatten Teig verrühren.

2. Ein Drittel der Teigmenge in die Kastenform füllen. 2 Schinkenscheiben und 4 Käsescheiben darauf legen. Mit etwas Teig bedecken. Die übrigen Schinken- und Käsescheiben auf den Teig legen und mit dem restlichen Teig auffüllen.

3. Den Kuchen 1 Stunde im Ofen backen, dann die Garprobe machen: Den Kuchen mit einer Messerklinge einstechen; wenn beim Herausziehen kein Teig mehr daran haftet, ist der Kuchen gar; andernfalls noch etwas weiterbacken.

4. Abkühlen lassen und aus der Form lösen.

EINFACH

Für **8** Stück
Zubereitungszeit: **20** Minuten
Backzeit: **45–60** Minuten
Budget: €€

RICOTTA-KUCHEN MIT PANCETTA UND GORGONZOLA

3 Eier • 250 g Ricotta • 3–4 EL Öl • 50 ml Weißwein • 200 g Mehl • ½ Päckchen Backpulver • 6 Scheiben Pancetta • ½ gebratene Paprikaschote in Öl • 75 g Gorgonzola • 6 Basilikumblättchen • Salz und schwarzer Pfeffer

Außerdem:
Kastenform • Kuchengitter

1. Den Backofen auf 180 °C vorheizen. Die Eier in eine Schüssel schlagen und mit Ricotta, Öl und Weißwein verrühren. Das Mehl und das Backpulver zufügen.

2. Die Pancetta in Streifen schneiden, Paprika und Gorgonzola würfeln. Das Basilikum in feine Streifen schneiden. Die Zutaten sorgfältig unter den Teig mischen und mit Salz und Pfeffer abschmecken.

3. Den Teig in die Backform füllen und im Ofen 45–60 Minuten backen. Nach 45 Minuten eine Garprobe machen: Den Kuchen mit einer Messerklinge einstechen; wenn beim Herausziehen kein Teig mehr daran haftet, ist der Kuchen gar; andernfalls noch etwas weiterbacken.

4. Aus der Form lösen und auf einem Kuchengitter abkühlen lassen.

EINFACH

Für **10** Stück
Zubereitungszeit: **20** Minuten
Backzeit: etwa **45** Minuten
Budget: €

CAKE MIT APFEL UND KÄSE

100 g Kamutmehl • 50 g Mehl • ½ Päckchen Backpulver • 3–4 EL Walnussöl • 3–4 EL Olivenöl • 100 ml Weißwein • 2 Eier • 150 g Bacon in Scheiben • 120 g Schafskäse (Feta) • 1 Apfel • 1–2 EL geriebener Parmesan

Außerdem:
Kastenform • Kuchengitter • Butter für die Form

1. Den Backofen auf 180 °C vorheizen. Die beiden Mehlsorten in eine Schüssel geben. Mit Backpulver, Walnuss- und Olivenöl, Weißwein und Eiern verrühren.

2. Die Baconscheiben in Streifen schneiden und den Schafskäse würfeln. Diese Zutaten unter den Teig mischen. Den Apfel schälen, entkernen und in dünne Spalten schneiden.

3. Die Kastenform fetten und mit dem Parmesan ausstreuen. Die Hälfte der Apfelstücke auf dem Boden der Kuchenform verteilen. Den Teig darüber geben und die restlichen Apfelspalten auf dem Teig verteilen. Den Kuchen im Ofen 45 Minuten backen und eine Garprobe machen: Den Kuchen mit einer Messerklinge einstechen; wenn beim Herausziehen kein Teig mehr daran haftet, ist der Kuchen gar; andernfalls noch etwas weiterbacken.

4. Aus der Form lösen und auf einem Kuchengitter abkühlen lassen.

EINFACH

Für **10** Stück
Zubereitungszeit: **20** Minuten
Backzeit: **45** Minuten
Budget: €€

CAKE MIT DICKEN BOHNEN UND WURST

170 g Mehl • ½ Päckchen Backpulver • 2 Eier • 2 EL Haselnussbutter • 1 EL Erdnussbutter • 150 ml Magermilch • 8 Scheiben durchwachsener Speck • ½ Saucisse de Toulouse (grobe Schweinsbratwurst in Form einer Wurstspirale) • 75 g TK-Dicke Bohnen

Außerdem:
Kastenform • Kuchengitter

1. Den Backofen auf 180 °C vorheizen. Das Mehl und Backpulver in eine Schüssel geben. Die Eier und die beiden Nussbuttersorten einrühren und sorgfältig vermischen. Nach und nach die Milch unterrühren.

2. Die Speckscheiben in einer Pfanne ohne Fett kross braten. Abkühlen lassen, zerkrümeln und unter den Teig rühren. Die Wurst in Stücke schneiden und ebenfalls unter den Teig mischen. Die Dicken Bohnen kurz unter heißem Wasser abbrausen, abtropfen lassen und in den Teig mischen. Alles gründlich verrühren und in die Kastenform füllen. 45 Minuten im Ofen backen.

3. Den Kuchen aus dem Backofen nehmen, 5 Minuten abkühlen lassen, aus der Form lösen und erkalten lassen.

TIPP:
Für die optische Wirkung kann man die Toulouser Wurst auch in einem Stück in die Mitte des Kuchens betten (siehe Foto).

Cake Tester

EINFACH

Für **10** Stück
Zubereitungszeit: **30** Minuten
Backzeit: etwa **1** Stunde
Budget: €€

CAKE MIT BUTTERNUSSKÜRBIS

1 Butternusskürbis • 3 Eier • 250 g Mehl • ½ Päckchen Backpulver • 100 ml Milch • 4 EL Weißwein • 2 EL Olivenöl • 100 g Comté (Hartkäse aus Rohmilch) • 75 g geräucherter Speck, gewürfelt • Salz und schwarzer Pfeffer

Außerdem:
Kastenform • Kuchengitter

1. Den Backofen auf 180 °C vorheizen. In einem großen Topf Wasser mit etwas Salz zum Kochen bringen.

2. Inzwischen den Kürbis schälen und in Würfel schneiden. Die Kürbiswürfel im kochendem Salzwasser 10 Minuten weich garen. Abgießen, abtropfen lassen und in einer Schüssel pürieren. Das Kürbispüree mit den Eiern verquirlen, dann das Mehl und das Backpulver einrühren. Die Mischung mit Milch, Weißwein und Olivenöl geschmeidig rühren. Den Comté fein würfeln. Die Speckwürfel und den Käse zugeben und zu einem geschmeidigen Teig vermischen. Salzen und pfeffern.

3. Den Teig in die Backform füllen und 1 Stunde im Ofen backen. Garprobe machen: Den Kuchen mit einer Messerklinge einstechen; wenn beim Herausziehen kein Teig mehr daran haftet, ist der Kuchen gar; andernfalls noch etwas weiterbacken.

4. Aus der Form lösen und auf einem Kuchengitter abkühlen lassen.

FÜR KÖNNER

Für **10** Stück
Zubereitungszeit: **45** Minuten
Backzeit: **45–60** Minuten
Budget: €€

MARMORIERTER KUCHEN MIT PESTO UND TAPENADE

2 Eier • 200 g Mehl • ½ Päckchen Backpulver • 2 EL geriebener Parmesan • 200 ml Milch • 3–4 EL Olivenöl • 3 EL Tapenade • 2 EL Pesto

Für die Tapenade
200 g Oliven (ohne Stein) • 2 Sardellenfilets • 1 Knoblauchzehe • 2 EL Olivenöl

Für das Pesto
½ Bund Basilikum • 1 EL Pinienkerne • 2 Knoblauchzehen • 1 EL geriebener Parmesan • 3 EL Olivenöl

1. Für die Tapenade die Oliven in die Rührschüssel der Küchenmaschine geben und zusammen mit den Sardellenfilets und der geschälten Knoblauchzehe zerkleinern. Das Olivenöl langsam zugießen und glatt pürieren.

2. Für das Pesto die gezupften Basilikumblättchen, die Pinienkerne und die geschälten Knoblauchzehen im Blitzhacker zerkleinern. In eine Schüssel umfüllen und mit Parmesan und Olivenöl zu einem geschmeidigen Pesto verrühren.

3. Den Backofen auf 180 °C vorheizen. Die Eier in eine Schüssel schlagen und mit Mehl, Backpulver und Parmesan vermischen. Nach und nach die Milch und das Öl zufügen. Den Teig in zwei gleiche Hälften teilen. Eine Teighälfte mit 3 EL Tapenade, die andere mit 2 EL Pesto verfeinern.

4. Ein Drittel des Tapenade-Teigs in die Kuchenform füllen. Ein Drittel des Pestoteigs darüber geben und mit dem restlichen Teig abwechselnd so fortfahren. Mit einer Gabel einmal durchziehen, wie bei einem Marmorkuchen. Den Kuchen 45–60 Minuten im Ofen backen. Nach 45 Minuten Garprobe vornehmen: Mit einer Messerklinge in den Teig stechen; wenn beim Herausziehen kein Teig mehr daran haftet, ist der Kuchen gar; andernfalls noch etwas weiterbacken.

5. Aus der Form lösen und auf einem Kuchengitter abkühlen lassen.

EINFACH

Für **10** Stück
Zubereitungszeit: **25** Minuten
Backzeit: etwa **45** Minuten
Budget: €€

CAKE NACH COUSCOUS-ART

4–5 EL Olivenöl • 200 g TK-Gemüsemischung • 1 Spritzer Tabasco-Sauce • 1 TL Couscous-Gewürzmischung • 3 Eier • 200 ml Milch • 80 g Maismehl • 100 g Weizenmehl • ½ Päckchen Backpulver • 2 Merguez (scharf gewürzte Würste aus Lammfleisch) • Salz und schwarzer Pfeffer

Außerdem:
Kastenform • Kuchengitter

1. Den Backofen auf 180 °C vorheizen. 1 EL Olivenöl in einer Pfanne erhitzen. Das Gemüse hineingeben, Tabasco und Couscous-Gewürz zufügen und 5 Minuten unter mehrmaligen Rühren auftauen lassen. Salzen und beiseitestellen.

2. Die Eier in eine Schüssel schlagen und mit der Milch und dem restlichen Öl verquirlen. Salzen und pfeffern. Die beiden Mehlsorten und das Backpulver einrühren. Die Würste klein schneiden und unter den Teig mischen.

3. Den Teig in die Backform füllen und im Ofen 45 Minuten backen. Garprobe machen: Den Kuchen mit einer Messerklinge einstechen; wenn beim Herausziehen kein Teig mehr daran haftet, ist der Kuchen gar; andernfalls noch etwas weiterbacken.

4. Aus der Form lösen und auf einem Kuchengitter abkühlen lassen.

EINFACH

Für **10** Stück
Zubereitungszeit: **30** Minuten
Backzeit: **50** Minuten
Budget: €€

MANDELCAKE MIT HÄHNCHENFLEISCH

150 g Putenschnitzel • 1 EL Olivenöl • 3 Eier • 50 g weiche Butter • 120 g Mehl • ½ Päckchen Backpulver • 80 g gemahlene Mandeln • 100 ml Milch • 80 ml Weißwein • 1 Zucchini • 1 Stängel Estragon • 25 g Parmesan • Salz und schwarzer Pfeffer

Außerdem:
Kastenform • Kuchengitter

1. Den Backofen auf 180 °C vorheizen. Das Putenschnitzel in gleich große Würfel schneiden. In einer Pfanne das Öl erhitzen und die Fleischwürfel in 5 Minuten rundum anbraten. Salzen, pfeffern und beiseitestellen.

2. Die Eier in eine Schüssel schlagen und mit der Butter verquirlen. Mehl, Backpulver und Mandeln zufügen und zusammen mit Milch und Wein geschmeidig rühren.

3. Die Zucchini in dünne Scheiben schneiden. Den Estragon fein hacken, den Parmesan reiben und zusammen mit den Fleischwürfeln unter den Teig rühren. Mit Salz und Pfeffer abschmecken. Den Teig in die Form füllen und im Ofen 50 Minuten backen.

4. Aus der Form lösen und auf einem Kuchengitter abkühlen lassen.

GLOSSAR

COMTÉ

Der französische Hartkäse stammt von den Bergweiden der französischen Alpen. Für die 35–40 kg schweren Laibe reift der Käse aus Kuhmilch mehrere Monate und wird dabei regelmäßig mit Salzlake eingerieben. Für den unverwechselbaren Geschmack sorgen nicht nur die für ihre süße Milch bekannten Montbeliard-Kühe, sondern auch die Almsommerwiesen, auf denen sie grasen. Die feste, aber zugleich auch cremige Konsistenz und seine gute Schmelzfähigkeit machen den Comté zum idealen Käse für Gratins, Tartes und Quiches.

EMMENTALER

Der Schweizer Klassiker aus Kuhmilch reift zu großen Laiben von 75–100 kg heran. Da die Tiere im Sommer auf üppigen Almwiesen mit zahlreichen Gräser-, Kräuter- und Wildblumenarten weiden, verströmt auch der Käse beim Anschnitt einen Duft von Almblumen und Wiesennuancen. Mit einer geschützten Herkunftsbezeichnung ausgezeichnet, müssen sich seine deutschen und französischen Verwandten explizit »Allgäuer Emmentaler« und »Emmental de Savoie« nennen. Das Schweizer Original ist in verschiedenen Reifegraden erhältlich und beliebt nicht nur als Frühstückskäse, auf Käseplatten und im Fondue, sondern gerieben und zum Überbacken, weil er erwärmt seinen nussigen Geschmack noch stärker entfaltet.

FETA

Die erste Erwähnung des griechischen Käses findet sich schon in Homers »Odyssee«. Der kompakte, aber auch bröckelige Käse ohne Rinde aus Schafs- oder Ziegenmilch reift in Salzlake. 2002 erhielt er eine geschützte Herkunftsbezeichnung, allerdings haben Deutschland und Dänemark geklagt, um auch anderswo und aus Kuhmilch hergestellten Feta-Käse weiter so nennen zu dürfen. 2005 bestätigte der Europäische Gerichtshof, dass sich nur auf dem griechischen Festland und den Inseln der ehemaligen Präfektur Lesbos hergestellter Salzlakenkäse aus Schafs- oder Ziegenmilch so genannt werden darf. Feta findet man im Salat oder in gefüllten Teigtaschen, er eignet sich aber auch zum Backen und Braten, wo er sich nicht vollständig auflöst.

GRUYÈRE

Der Schweizer Hartkäse mit nussigem Geschmack reift zu Laiben von etwa 40 kg heran. Der Hartkäse ist nicht nur ein unerlässlicher Bestandteil von Fondues, sondern kann auch über Nudeln oder Gemüse gerieben werden und zum Verfeinern von Saucen, Gratins und Quiches dienen. Auch er trägt die geschützte Herkunftsbezeichnung AOC.

MAROILLES

Auch der nordfranzösische halbfeste Schnittkäse ist durch ein AOC-Herkunftsprädikat geschützt. Er gehört zu den Rotschmierkäsen, weil beim regelmäßigen Umdrehen und Waschen die natürliche weiße Rinde verschwindet und der quadratische Käselaib mit einem Gewicht von etwa 800 g seine charakteristische orangerote Farbe erhält.

MORBIER

Erkennungszeichen des halbfesten Schnittkäses aus Frankreich ist die dunkle Linie aus Holzasche in der Mitte des Laibs. Typisch für den in Rädern von 5–9 kg produzierten Kuhmilchkäse sind auch sein ausgeprägter, aber milder Geschmack und die cremige Konsistenz.

MOZZARELLA

Die beliebten Kugeln, Zöpfe oder Minikugeln erhalten ihre sehr elastische Konsistenz, weil der frische Bruch in heißes Wasser gelegt wird. Dank seiner Vielseitigkeit wird der beliebte Frischkäse auf der ganzen Welt hergestellt, meist aus Kuhmilch. Für das italienische Original, den Mozzarella di Bufala, dagegen wird Büffelmilch verwendet. Unschätzbare Dienste leister er auf Pizza und in Salat, insbesondere in Kombination mit Tomaten und Basilikum.

PARMESAN

Der italienische Hartkäse aus Kuhmilch wird am liebsten gerieben zu Nudelgerichten verwendet, ist aber einer vielseitigsten Käse für die Küche und eignet sich auch zum Überbacken von Broten, Suppen und Gratins. Je länger der Parmigiano Reggiano reift, desto krümeliger und brüchiger wird seine Konsistenz, ganz reife Exemplare sind sehr hart.

RACLETTE-KÄSE

Der bekannte Schweizer Bergkäse mit ledriger gewaschener Rinde eignet sich nicht nur für das gleichnamige Gericht, für das traditionellerweise ein Laib halbiert und vor einem offenen Feuer erwärmt wird. Sobald der Käse an der Schnittstelle Blasen wirft, schabt man ihn über Schalen mit heißen Kartoffeln. Für den Hausgebrauch gibt es eigens Raclette-Geräte, in denen der Käse portionsweise in kleinen Förmchen erwärmt wird.

REBLOCHON

Der halbfeste Schnittkäse mit AOC-Herkunftsbezeichnung stammt aus Savoyen, wo kleine, 9–12 cm große Laibe aus Kuhmilch heranreifen. Tragen sie ein grünes Etikett, dürfen sie sich »fermier« nennen und stammen aus bäuerlicher Produktion, ein rotes Siegel kennzeichnet sie als Käse einer Großmolkerei. Reblochon schmeckt nicht nur aufs Brot, sondern schmilzt auch gut und verfeinert so Suppen oder überbackene Gerichte.

ROQUEFORT

Der Blauschimmelkäse aus Schafsmilch reift in den Kalksteinhöhlen des gleichnamigen Orts im Südwesten Frankreichs, nur eine Handvoll Molkereien stellt den würzigen Käse her. Seine würzige, geradezu spektakuläre Wirkung entfaltet er nicht nur pur zu Süßwein oder zu Brot, sondern auch in Salaten und insbesondere in erwärmter Form in Nudelsaucen oder auf einer Pizza Quattro Formaggi.

REZEPTE VON A–Z

REZEPTE NACH KAPITELN

London, New York, Melbourne, München und Delhi

Für die deutsche Ausgabe:
Programmleitung Monika Schlitzer
Projektbetreuung Gabriele Kalmbach
Herstellungsleitung Dorothee Whittaker
Herstellungskoordination Claudia Rode
Herstellung und Covergestaltung Sophie Schiela

Bibliografische Information der Deutschen Bibliothek
Die Deutsche Bibliothek verzeichnet diese Publikation in der Deutschen Nationalbibliografie; detaillierte bibliografische Daten sind im Internet über http://dnb.ddb.de abrufbar.

Titel der französischen Originalausgabe:
FAIT MAISON – PIZZAS, QUICHES ET CAKES

Copyright © 2012 Hachette-Livre (Hachette Pratique) pour la première édition
Textes de Emilie Perrin, photographies: Rina Nurra

Der Verlag setzt grundsätzlich Papier aus natürlichen und recycelbaren Fasern ein, das aus nachhaltiger Waldwirtschaft stammt. Zudem fordert der Verlag von seinen Papierlieferanten, dass sie an einem Zertifizierungssystem als Garant für die geforderte Nachhaltigkeit teilnehmen.

Alle Rechte vorbehalten. Jegliche – auch auszugsweise – Verwertung, Wiedergabe, Vervielfältigung oder Speicherung, ob elektronisch, mechanisch, durch Fotokopie oder Aufzeichnung, bedarf der vorherigen schriftlichen Genehmigung der Copyright-Inhaber.

© der deutschsprachigen Ausgabe by Dorling Kindersley Verlag GmbH, München, 2014
Alle deutschsprachigen Rechte vorbehalten

Übersetzung Gudrun Ruoff und Susanne Bunzel-Harris
Lektorat Konzept Network München
Satz staba design, München, Michael Knufinke und Anita Cosic

ISBN 978-3-8310-2569-5

Printed and bound by L.E.G.O., Italy

Besuchen Sie uns im Internet
www.dorlingkindersley.de